| 안티에이징의 비밀 |

안티에이징 명인 **박언휘 의사**가 들려주는

안티에이징의 비밀

| 박언휘 지음 |

ANTI-AGING

봄그루

　　사람들은 역사 이래로 오래 사는 것에 대한 기대감이 컸다. 그래서 장수는 분명 축복이라고 할 수 있다. 그러나 평균 수명이 증가하는 것이 마냥 기쁘지만은 않다. 이유는 수명은 길어지는 데 비해 우리의 몸은 노화로 인해 고통스러워지고, 피부는 탄력을 잃고 주름이 증가하기 때문이다. 늙는 것을 당연한 것으로 받아들이기는 하나 노화현상은 피하고 싶은 사람들이 많을 것이다. 오늘날 이러한 사람들의 욕구, 즉 젊어지고 싶거나 최소한 피부의 노화를 방지해서 나이가 들어가는 것을 최대한 늦추고 싶은 사람이 증가하고 있다. 더욱이 삶이 풍족해질수록 젊게 보이고 싶은 욕구가 증가하는데, 이로 인해 탄생한 것이 바로 안티에이징이다.

　　안티에이징의 사전적 의미는 '노화 방지' 또는 '항노화'의 뜻을 갖고 있으며, 노화방지용 화장품이라는 의미로도 사용된다. 결국 안티에이징은 노화를 방지하고 젊게 보이기 위해 자신을 가꾸는 것을 의미한다. 인간이 노화를 거스를 수는 없고 피부는 해마다 탄력을 잃어가고 처져서 흉해진다. 누구나 이러한 노화현상을 벗어나고 싶어 하기 때문에 자연스럽게 안티에이징에 대한 관심과 욕구가 증가하고 있다. 이러한 사람들의 욕구를 반영이라도 하듯 안티에이징 화장품부터 비타민 요법, 태반 요법, 면역주사 요법, 정맥영양주사 치료와 같은 안티에이징 치료가 등장하고 있다. 뿐만 아니라 호르몬 치료와 성형, 식이요법 등 안티에이징의 분야가 점차 확대되고 있다.

수명 연장과 삶의 질 향상으로 인해 자연스럽게 안티에이징에 대한 관심이 높아지게 되었고, 이를 통해 피부 노화를 방지하여 조금이라도 젊게 보이려는 사람들이 증가하고 있다. 또한 안티에이징은 소비재 분야, 의료 분야, 서비스 분야 등으로 다양하게 나눌 수 있다. 특히 의료분야는 보톨리늄 독소, 히알루론산 필러 등 관련 의약품과 생체재료가 개발되면서 노화를 늦추거나 노화증상을 완화하는 기술, 상품, 비즈니스라는 목적 지향적 개념으로 정의되고 있다. 안티에이징의 목적을 노화예방, 증상완화 등 임상적 효능 추구로 구체화 하고 있으며 따라서 안티에이징은 건강하고 행복한 상태를 목적으로 하는 한 분야로서, 예방 및 관리를 통한 다양한 라이프케어에 중점을 두고 있다.

이 책은 안티에이징에 대한 올바른 정보를 제공하고 누구나 쉽게 안티에이징의 혜택을 누릴 수 있도록 돕기 위해 집필하였다. 이를 위해 제1장에서는 노화는 필연이다를 다루었고. 제2장에서는 다양한 노화현상, 제3장에서는 노화로 인한 문제, 제4장에서는 노화방지와 무병장수를 위한 노력, 제5장에서는 몸의 노화를 방지하는 안티에이징 치료, 제6장에서는 호르몬 치료를 통한 안티에이징, 제7장에서는 성형을 통한 안티에이징, 제8장에서는 식이요법을 통한 안티에이징에 대해 다루었다.

부디 이 책을 통해 안티에이징에 대한 올바른 정보를 얻고 노화현상을 줄여 모든 사람이 보다 행복한 삶을 살기 바란다.

저자 박언휘

ANTI-AGING

오늘날 인간의 수명이 연장되면서 외모에 신경 쓰는 노인들이 증가하고 있다. 실제로 노인
들의 성형 통계 자료를 보면 5년 전에 비해서 3배나 증가한 것으로 나타났다. 성형외과를
이용하는 손님 중 60대 이상의 노인이 20%를 넘기 시작하였다고 한다. 예전에는 먹고사
는 것이 중요했기 때문에 나이가 들면서 외모가 늙는 것을 당연한 것처럼 받아들였다. 그
래서 요즘 노인들도 외모에 별 관심이 없을 것이라고 생각할 수 있는데, 이것은 젊은 사람
들의 고정관념일 뿐이다.

CHAPTER 1

노화는

필연이다

급격한 노령화시대의
도래

누구나 노인이 되면 세포의 노화와 신체 기능의 약화로 인해 건강
상태가 나빠질 수밖에 없다. 노인이 되면 젊은이에 비해 병에 걸리는 비
율이 2~3배 이상 증가하고, 만성적으로 질병을 가지게 되며, 합병증까
지 빈번하게 나타난다. 사람에게는 오감(五感)이라는 것이 있다. 시각, 후
각, 미각, 촉각, 그리고 청각의 다섯 가지 감각은 사람이 사물을 지각하
고 일상을 영위하는 데 반드시 필요하다. 이 다섯 가지 감각 중 단 하나
만 손상돼도 생활의 불편은 이루 말할 수 없을 정도로 커진다. 그런데
노화가 찾아오면 어쩔 수 없이 이러한 오감 역시 퇴화하기 마련이므로,
다양한 보조 기구가 필요해진다.

문제는 노화가 진행되기 시작하면 정상적인 생활을 영위하기 힘들
어지고 잦은 진료로 의료비가 많이 든다는 것이다. 따라서 노인이 되어

건강한 생활을 하기 위해서는 자신의 신체를 돌보려는 노력도 중요하지만 어느 정도의 경제 수준을 유지하는 것도 필요하다. 실제로 다양한 연구 결과들을 보면, 노인의 건강은 자신의 경제 수준과 상관관계가 있음을 알 수 있다. 이는 경제 수준이 높을수록 건강을 보호받을 수 있는 여건이 되기 때문일 것이다. 노인의 건강은 신체적 노화로 약화되는 것이기 때문에 적절한 의료적 치료를 받으면 건강을 유지하고 노화 속도를 지연시켜 신체 기능을 조금은 연장시킬 수 있지만, 결국은 사망에 이르게 된다.

유대계 미국 시인인 사무엘 울만은 일찍이 그의 유명한 시 '청춘'(Youth)에서 이렇게 노래했다.

청춘이란 인생의 어떤 시기가 아니라 마음가짐이다.
장밋빛 볼, 붉은 입술, 부드러운 무릎이 아니라
강인한 의지, 풍부한 상상력, 불타오르는 열정을 말한다.
청춘이란 인생의 깊은 샘에서 솟아나는 신선한 정신이다.

청춘이란 두려움을 물리치는 용기
안이함을 선호하는 마음을 뿌리치는 모험심을 뜻한다.
때로는 스무 살 청년보다 예순 살 노인이 더 청춘일 수 있다.

나이를 더해 가는 것만으로 사람은 늙지 않는다.
이상을 잃어버릴 때 비로소 늙는 것이다.

세월은 피부에 주름살을 늘게 하지만
열정을 잃어버리면 마음이 시든다.
고뇌, 공포, 실망에 의해서 기력은 땅을 기고
정신은 먼지가 된다.

예순이든 열여섯이든 인간의 가슴에는
경이로움에 이끌리는 마음,
어린아이와 같은 미지에 대한 끝없는 탐구심,
인생에 대한 즐거움과 환희가 있다.

그대에게도 나에게도 마음 한가운데 무선탑이 있다
인간과 신으로부터 아름다움, 희망, 기쁨, 용기, 힘의 영감을 받는 한
그대는 젊다.

그러나
영감이 끊어져 정신이 싸늘한 냉소의 눈에 덮이고
비탄의 얼음에 갇힐 때
스물이라도 인간은 늙는다.
머리를 높이 쳐들고 희망의 물결을 붙잡는 한
여든이라도 인간은 청춘으로 남는다.

이 시처럼 많은 정신과 의사들은 "마음이 청춘이면 몸도 청춘이 된

다"고 말한다. '이 나이에 무슨…'이라는 생각은 절대 금물이다. 늙어도 뇌세포는 증식한다. 노화는 나이보다 마음의 문제이다. 물론 생사는 우리 마음대로 할 수 있는 것이 아니다. '인생 백년 사계절 설(說)'을 이야기하는 사람들이 많은데, 25세까지가 '봄', 25~50세까지가 '여름', 50~75세까지가 '가을', 75~100세까지가 '겨울'이라는 것이다. 이에 따른다면 75세까지는 단풍이 가장 아름다운 만추(晩秋)쯤 되는 것이요, 80세 노인은 겨울로 접어든 셈이 된다.

실버쇼크, 장수는 행복인가?

실버쇼크란 말이 있다. 일본, 유럽보다 훨씬 빠른 우리나라의 고령화가 충격을 준다는 뜻이다. 현재 65세 이상 인구가 총인구에서 차지하는 비율이 7% 이상이면 고령화사회(Aging Society)라 하고, 14% 이상이면 고령사회(Aged Society)라 하며, 20% 이상이면 후기 고령사회(post-aged society) 혹은 초고령사회라 한다. 우리나라는 2000년에 65세 이상의 인구가 6.8%가 되어 고령화사회가 되었고, 2010년 말에는 총인구 4,898만 8,833명 중 65세 이상의 인구가 11.3%를 넘어 고령사회에 근접하게 되었다. 10년 만에 65세 이상의 인구가 4.2%가 증가했는데, 이러한 속도로 노인 인구가 증가하면 2026년에는 전체 인구의 20%에 달해 초고령사회로 접어들 것으로 예측된다. 고령화 속도가 세계에서 가장 빠르다는 일본을 따돌리고 우리가 세계 1위를 차지한 셈이다. 이대로라면 2050년에는 우리나라 노인 인구의 비율은 37.3%로, 세계 제일의 고령 국가가 될 전망이다. 지금도 우리나라 전체 인구의 10명 중 1.1명은 65세 이상의 인구가 차지하고 있는데, 2026년에는 5명 중 1명이, 2050년에는 3명 중 1명 이상이 65세 이상의 인구가 되어 가히 노인국가라고 해도 과언이 아니다.

〈표 1〉 노인 인구 증가 추이

(천명)

구분	1960	1980	1990	2000	2010	2026
전체인구	25,012	38,124	42,869	46,789	48,988	50,578
노인인구	726	1,456	2,144	3,168	5,536	10,000
비율(%)	2.9	3.8	5.0	6.8	11.3	20.0

출처 : 통계청 자료

〈표 2〉 평균 수명

1960	1980	1990	2000	2010	2020
55.3	65.8	71.3	74.3	80.2	84.0

출처 : 통계청 자료

노인 인구의 증가와 함께 우리나라 사람들의 평균 수명도 점차 증가하고 있다. 1960년에는 남녀 평균 수명이 55.3세였는데 1980년 들어 65.8세로 증가하였고, 1990년 들어 처음 70세를 넘어섰으며, 2010년에는 드디어 80세를 넘었다. 이는 경제협력개발기구(OECD)에 가입한 국가들의 남자 평균 수명이 76.2세인데 비해 우리나라는 남자 평균이 77.5세로 0.3세가 더 높으며, 여자 평균 83.3세는 OECD 가입 국가 평균인 81.8세보다 1.5세가 더 높다.

1990년대만 해도 60을 넘으면 오래 살았다고 환갑잔치를 했지만, 2000년대에 접어들면서 칠순 잔치가 2010년을 넘으면서 팔순 잔치로 바뀌고 있다. 이러한 속도라면 앞으로 사람들의 평균 수명은 90세를 넘게 될 뿐만 아니라 평균 수명 100세를 내다보게 된다. 현재도 100세 이상의 노인이 1,000명을 넘고 있다. 게다가 의학자들은 앞으로 의학 기술의 발달로 장기를 배양하고 교환하는 기술이 보급되어 150세까지 증가할 것으로 예측하고 있다. 이처럼 급속한 노령화와 평균 수명의 증가로 인해 세계가 깜짝 놀라서 이런 현상을 어떻게 대처해 나갈 것인가에 대한 깊은 관심으로 미래를 예측하고 있다. 인간 수명 100세 시대를 기대하는 사람에게 장수는 축복이지만, 그걸 살아가야 하는 사람에게는 재앙이 될 수 있다.

수명 연장은 꼭 행복한 일만이 아니라 재앙일 수도 있다. 더욱이 낮은 출산율 때문에 상황은 더욱 꼬이고 있으며, 지역 편차가 커서 농촌 지역의 3분의 2는 이미 초고령사회가 됐다. 그러나 수명은 연장되는데 비해 우리나라 노동시장에서의 근속연수는 25년으로 경제협력개발기구(OECD) 국가 평균인 40년보다 15년이나 짧다. 이는 그만큼 일찍 퇴직한다는 것을 의미한다. 그리고 일찍 은퇴를 한다는 것은 경제적으로 수입이 단절되어 노후 대책을 제대로 세우기 어렵다는 것을 의미한다.

그러나 노인 인구의 증가보다 더 심각한 것이 있다. 노인 인구 중 85%만이 건강하게 활동하고 있고, 나머지 15%는 당장 요양 보호가 필요하다는 것이다. 또한 이중에서 6%만이 시설에 입소 요양 중이고, 8%는 정부 지원의 재가 서비스를 받고 있으며, 나머지는 특별한 치료를 받지 못한 채 방치되고 있는 실정이다. 뿐만 아니라 노인 인구 중 10% 정도는 치매로 고통받고 있으며, 18%는 돌보는 이가 없는 독거노인들이다. 독거노인들 중에서 37%는 기능제한 노인으로 부분적인 수발 보호와 일상적인 관심과 보호의 배려를 받아야 할 분들이다. 이러한 이유로 인해 노인 자살이 전체 자살의 25% 이상을 차지하고 있으며, 해가 지날수록 늘고 있다. 이것이 바로 오래 사는 것이 결코 축복이 아니라는 방증이다.

노인의 정의

노인이란 일상적으로 사용되는 용어지만, 그 개념을 명확하게 정의하기는 그리 쉽지 않다. 사전적인 의미로는 '나이가 많은 사람', '늙은 이'라고 하지만 이런 단순한 개념으로는 노인을 충분히 설명할 수 없다. 노인(老人)이란 한마디로 육체적으로 늙어간다는 의미를 가지고 있다. 老라는 한자는 본래 땅 위에 지팡이를 짚고 다니는 늙은 사람을 형상화한 것이다. 이 한자처럼 노인은 육체적인 노화와 함께 사회적·정서적으로도 큰 변화를 겪는다. 사회·문화적 환경에 대한 적응 능력이 떨어지고, 경제 활동도 현저히 줄어들며, 정서적으로는 불안과 우울, 그리고 슬픔을 자주 느끼게 되는 시기이다.

노인을 구분하는 기준으로는 주로 나이를 활용하는데, 나이는 신체적 나이, 생물학적 나이, 심리적 나이, 사회적 나이, 주관적 나이, 기능적 나이 등으로 다양하게 불린다. 그런데 이중에서 주로 신체적 나이를 이용해서 분류하다 보니 같은 나이라도 노화의 차이가 나타나게 된다.

〈표 3〉 노인의 구분

구분	특징
신체적 나이 (chronological age)	– 달력에 의한 나이 – 법률, 행정절차, 관습의 기준으로 모든 사람에게 똑같이 적용
생물학적 나이 (biological age)	– 개인의 생물학적·생리적 발달과 성숙의 수준과 신체적 건강수준을 나타내는 나이 – 폐활량, 혈압, 신진대사, 근육의 유연성 등 신체적 활력을 나타내는 지표
심리적 나이 (psychological age)	– 경험에 근거한 심리적 성숙과 적응수준을 나타내는 나이 – 기억, 학습, 지능, 신체적 동작, 동기와 정서, 성격과 적성 특성 등 여러 가지 심리학적 측면에서의 성숙 수준 함께 고려
사회적 나이 (social age)	– 하나의 규범으로 정하고 있는 나이 예를 들면 교육연령, 결혼 및 출산적령기, 취업연령, 은퇴연령, 자녀의 결혼, 손자녀 출생 등이 해당될 수 있다. – 사회적 나이에 따라 사회적 지위가 결정되고 역할에 대한 기대감이 각각 다르게 형성된다.

주관적 나이 (자각연령: self-awareness age)	– 신체적·생물학적·심리적·사회적 나이에 관계없이 자신이 스스로 느끼는 나이 예를 들면 비록 신체적 나이가 70세가 넘었다 하더라도 스스로 50세 중년이라 느끼고 그 수준에서 사업과 사회적 활동에 적극 참여한다면 그의 자각연령은 50세라고 할 수 있다.

기능적 나이
(functional age)
	– 개인의 신체적·심리적·사회적 기능 등의 정도에 따라
	  노인을 규정하는 나이
	–신체적·심리적·사회적 영역 등에서 특정 업무를 적절히
	  수행할 수 없는 경우를 노인으로 정의
	–개인 및 개인 간의 노화의 특성이 다름을 감안함

1951년 미국에서 개최된 제2회 국제노년학회의에서 내린 노인에 대한 정의를 보면 "인간의 노화 과정에서 나타나는 생리적·심리적·환경적 변화 및 행동의 변화가 복합적으로 상호작용하는 과정에 있는 사람"이라고 하였으며, 아울러 노인에 대한 개념을 여러 측면에서 정의하였다. 즉 노인이란, 자체 조직에 결손을 가진 사람, 통합 능력이 감퇴되어 가는 시기에 있는 사람, 생활체의 기관이나 조직, 기능의 쇠퇴 현상이 일어나는 시기에 있는 사람, 적응성에서 정신적으로 결손되어 가는 사람, 조직 및 기능 저장의 소모로 인해 적응 감퇴 현상이 있는 사람이라는 것이다.

서양에서는 노인에 대한 명칭을 대개 늙은 사람(Older Person), 나이든 사람(the Aged), 연장자(the Elderly) 등의 호칭 대신 원로시민(Senior Citizen), 황금 연령층(Golden Age) 등으로 높여 부른다. 프랑스에서는 '제3세대층', 스위스에서는 '빨간 스웨터'라고 하며, 유럽에서는 50세 전후부터 75세까지를 새로운 중년기를 뜻하는 '서드 에이지'(Third Age)라고 부른다. 특별히 서드 에이지는 최근 중년과 노년에 대한 새로운 대체어로서 부상하고 있다.

또한 중국에서는 50대를 숙년(熟年), 60대를 장년(長年), 70대 이상을 존년(尊年)이라고 부른다. 가까운 일본에서는 노인들이 흰 머리카락이 많은 것을 비유하여 '실버'라는 표현을 씀으로써 우리나라에 가장 큰 영향을 준 단어가 되었다. 다르게는 '노년'이라 칭하기도 하며, 노령 인구의 사회적 공헌에 대한 감사를 내포한 '고년자'(高年者)라는 단어를 사용하기도 한다.

미국 시카고 대학의 심리학 교수인 버니스 뉴가튼은 노인 세대를 나이에 따라 나누어 55세 정년을 기점으로 65세까지를 연소 노인(Young old)이라 하고, 65세부터 75세까지를 중고령 노인(Middle old)이라 하며, 85세이상을 올디스트(Oldest)로 구분하였다. 75세까지를 젊은 늙은이라고 하여 노인이라고 볼 수 없다는 견해를 폈다.

〈표 4〉 나이에 따른 노인 구분

구분	나이	특징
연소 노인(young old)	55~65세	직업적·사회적 성취가 최고 수준
중고령 노인(old old)	75~85세	대부분 퇴직한 상태지만 심각한 노화 상태는 아님
올디스트(Oldest)	85세 이상	신체적 노화가 진전되어 병약하고 의존적인 상태

우리나라의 노인복지법에서는 65세 이상을 노인이라 하며, 국민연금법에서는 60세 이상을 노인이라고 한다. 예로부터 우리는 나이에 따

라 노인을 회갑(60), 고희(70), 희수(77), 율수(80), 미수(88), 졸수(90), 백수(99) 등으로 구분했다. 하지만 최근에는 노인을 대개 실버 또는 시니어라고 부른다. 시니어는 50세 이상을 말하며, 실버는 65세 이상을 말한다.

그러나 요즘 들어 노인이나 실버라는 말이 공경의 의미보다는 부정적 의미로 사용되고 있어 최근에는 '어르신'이라는 용어로 대체되고 있다. 그러나 어르신은 여성 노인에게는 약간 어색한 느낌을 지울 수 없다. 또한 자신의 부모와 같다는 의미에서 어머님, 아버님이라고 표현하기도 하고, 할머님, 할아버님이라고 칭하기도 하며, 자기가 존경할 만큼 점잖거나 나이가 많은 노인에게는 '선생님'이라 말하기도 한다. 예전에는 존경의 의미를 담고 있는 '아주 큰 아버지와 같은 존재'라는 의미를 지닌 '한아비'라는 용어가 사용되기도 하였다.

요즘에는 노인들의 수명이 연장되고 역할이 달라짐에 따라 명칭에 대해서도 변화가 요구되고 있으며, 노인에 대한 정의를 새롭게 하려는 움직임도 나타나고 있다. 정책적으로 노인의 기준을 65세 이상으로 정한 것은 인간의 평균 수명이 50세에도 미치지 못했던 19세기 후반의 독일 재상 비스마르크였다. 그런데 현재 우리나라의 남녀 평균 수명은 각각 77세, 83.8세이다. 단순히 따져도 19세기 후반의 65세는 오늘날 약 90세에 해당한다고 하니 고령자 기준이 비현실적이라는 주장은 타당성이 있어 보인다.

노화란
무엇인가?

노화의 사전적인 의미를 보면, 일생을 살아가는 동안 생물학적으로 성숙된 인간들에게 일어나는 신체 구조, 기능상의 변화, 적응, 행동의 변화 등의 규칙적인 변화를 말한다. 노화란 얼굴에 주름이 늘고, 허리가 구부러지는 신체 구조의 변화만이 아니라 눈이 침침해지고, 소리가 잘 안 들리는 기능상의 변화나 계단이나 산을 오르기 힘들거나 행동이 느려지는 행동의 변화도 포함하고 있다. 인간이 태어나서 청소년기까지는 성장이나 발달이라 하고, 그 이후로는 발달이 정지하다 성인 후기인 50세가 넘으면서 노화가 시작된다.

노화는 인간이라면 누구나 겪어야 할 자연스러운 변화다. 노화가 자연스러운 변화라고는 하나 이것을 당연한 것으로 받아들이는 사람들이 있는 반면, 노화가 시작되면서 스스로 늙는 것을 자각함과 동시에 인생에 더 이상 희망이 없고, 사회에서 물러나야 한다는 불행으로 인식하는 사람도 많다. 사회적으로 노화 방지에 대한 관심이 크게 증가하는 것을 보면 노화 자체가 부정적인 것이라는 전제에서 출발한 것이라고 할 수 있다. 이처럼 늙으면 나쁘다는 가치관을 갖고 있는 한 노화는 사람에게 고통을 줄 수밖에 없다.

일반적으로 사람은 50세를 전후하여 신체적으로 노화를 자각하기 시작한다. 그러다 60세가 넘으면 이제는 월등히 나빠진 신체상태로 인하여 노화를 실감하게 된다. 이러한 자각은 신체적인 나이에 충실한 사람들이나 부정적인 생각을 가진 사람들일수록 일찍 느끼고, 건강관리를 열심히 해온 사람이나 긍정적인 생각을 가진 사람들일수록 늦게 느낀다. 하지만 결국은 정도의 차이만 있을 뿐이다.

직업상으로 보면 기술 변화 속도가 빠른 첨단 과학 분야에 종사하는 과학자나 공학자들은 노화에 대한 자각이 빠른 편이다. 반면 깊은 사유와 경험을 필요로 하는 사회학, 인문학, 철학 분야에 종사하는 사람들은 자각이 늦은 편이다. 경제적으로 여유가 있는 사람들은 노화에 대한 자각이 늦지만, 경제적으로 어려운 사람들은 노화에 대한 자각이 빠른 편이다. 또한 가정적으로 화목한 사람들은 노화에 대한 자각이 늦지만, 가정적으로 불행한 사람들은 노화에 대한 자각이 빠른 편이다.

그러나 무엇보다도 건강한 사람들은 노화에 대한 자각이 늦지만, 건강이 나쁜 사람들이나 질병에 걸린 사람들일수록 노화에 대한 자각이 빠른 편이다. 특히 요양시설에 입소한 사람들은 그렇지 않은 사람에 비해 노화에 대한 자각이 빠른 편이다.

모든 사람들은 공통적으로 노화를 현실로 받아들이려고 하지 않는 심리적 저항을 가지고 있다. 따라서 심리적 저항이 강한 사람들은 노화에 대한 자각이 늦지만, 심리적 저항이 약한 사람들일수록 노화에 대한 자각이 빠른 편이다.

신체적 연령이 비슷하고 같은 나이임에도 불구하고 노화에 대해 자각하는 시기가 이처럼 다른 이유는 무엇일까? 인생을 살면서 오랜 기간 동안의 경험, 습관과 운동량, 가정에서의 유전적 이력, 사고의 크기와 종류 및 횟수, 직업과 생활수준, 교육과 학습 경험, 심리적 저항 등에 차이가 있기 때문이다. 사람들은 대개 스스로 젊다고 표현하지만 남들에게서 늙었다는 말을 들으면 급격하게 자신감을 상실하거나 우울증에 빠지게 된다. 따라서 주변에서 늙었다는 자각을 하지 않도록 정신적으로 배려를 해주어야 하며, 언어적으로도 주의를 기울여야 한다.

늙었다고 자각하면서 자신감을 상실하고 우울증이 찾아오는 것을 막기 위해서는 노화를 성공적으로 해야 한다. 성공적 노화는 개인과 환경의 상호작용에 의해 결정된다. 비록 심각한 질병이 있더라도 죽음의 문 앞에서 그것을 어떻게 받아들이느냐에 따라 달라질 수 있다. 그러므로 성공적인 노화는 젊음을 잘 유지하는 것이 아니라 전 생애를 통틀어 그 변화를 수용하고 삶의 과정에서 변화에 적응하기 위해 개인적·사회적 자원을 활용하며 발달시켜 나아가는 것이라고 할 수 있다.

성공적으로 노화를 받아들이기 위해서는 일상적 활동에서 즐거움이 유지되어야 하며, 인생의 의미와 책임, 목표 성취, 긍정적 자기 이미지와 자기 가치의 인식, 긍정적 태도와 분위기를 유지하는 것이 매우 중요하다. 또한 노화에 대한 인식을 퇴보라고 생각하기보다는 인간이 수태에서 사망에 이르기까지 생애 전 기간에 걸쳐 발달하고 변화하는 과정의 일부라는 새로운 시각을 가져야 한다.

노화의 원인

우리는 왜 늙는 것일까? 왜 수명에는 제한이 있을까? 이것들은 아마도 인류가 그 답을 찾기 위해 가장 오랫동안 던져왔던 질문일 것이다. 오래 살기 위해서는 노화의 원인을 알고, 노화를 일으키는 요인을 제거하는 것이 가장 효과적이다.

하지만 노화의 원인을 설명하기 위한 학설들이 300여 가지가 넘기 때문에 생물학적 메커니즘을 한마디로 정의하기는 어렵다. 아직까지 어떠한 학설도 정설로 인정되지 못하고 있다. 그 이유는 무엇일까? 대부분의 학설들이 전체적인 노화현상을 설명하기보다는 부분적 측면에 대해서만 설명하기 때문이다. 사람마다 노화 속도와 수명이 다른 이유를 속 시원하게 설명하지 못한 채 아직까지 노화의 정확한 메커니즘을 밝혀내지 못하고 있다. 또한 그걸 억제하는 방법이 있다는 것도 다만 추측일 뿐이다.

그렇다면 지금까지 노화와 수명 제한에 대한 이유를 설명하기 위해 제안된 가설들로는 어떤 것이 있을까?

▶마모 이론(Wear & tear theory)

1882년에 독일의 의사인 아우구스트 바이스만(August Weismann)이 발표한 이론으로, 우리의 신체와 세포는 시간이 지남에 따라 마모하듯이 노화가 일어난다는 이론이다. 우리 몸은 시간이 지날수록 계속 쓰거나 손상이 되어 노화가 이루어지기도 하고, 우리가 먹는 음식이나 독소에 의해 몸이 망가져 간다는 것이다. 우리 몸은 나이가 들어감에 따라 신체와 세포가 손상되어 복구할 능력을 잃어 질병에 걸리고 결국에는 죽게 된다는 것이다. 마모 이론에 의하면 오래 사는 방법은 신체를 무리하게 사용하지 말고, 해로운 환경을 피하고 규칙적인 생활을 하는 것이다.

▶신경 호르몬 이론(Neuro-Endocrine theory)

러시아의 블라디미르 딜만(Vladimir Dilman) 박사가 발표한 이론으로, 나이가 들어가면 우리 몸은 점차로 호르몬 분비가 감소해 신체 기능이 떨어져 노화가 진행된다는 이론이다. 신경 호르몬 이론에 의하면 오래 사는 방법은 호르몬 분비가 원활하도록 신체를 자극하거나 호르몬 보충요법을 실시함으로써 노화를 예방하거나 지연시킬 수 있다는 것이다. 이 이론에 근거해 성장호르몬, 성호르몬(에스트로겐, 테스토스테론), 멜라토닌, DHEA 등을 노화 치료에 이용하고 있다.

▶유전자 조절 이론(Genetic Control Theory)

우리 몸의 DNA 내에는 태어나면서 늙어가도록 프로그램 되어 있다는 이론이다. 사람은 태어나면서 이미 DNA 안에 얼마나 빨리 늙을 것인지, 얼마나 오래 살 것인지 모두 유전적으로 결정되어 있다는 것이다. 이 이론에 근거하면 DNA의 손상을 예방하거나 노화를 방지하거나 조장하는 유전자를 찾아내 이를 적절히 조작함으로서 인간 수명의 연장이나 노화를 늦추는 것이 가능하다고 한다.

▶활성산소이론(Free Radical Theory)

미국의 생화학자 덴험 하먼(Denham Harman) 교수가 발표한 이론으로, 인간의 세포 내에는 에너지를 만들어내는 미토콘드리아가 있는데, 이곳에서 에너지를 만드는 과정에서 산소는 화학물질들과 결합하고 물과 탄산가스를 배출한다. 그런데 미토콘드리아가 사용하는 산소 중 2~5%가 세포를 파괴해 우리 몸의 노화를 촉진하는 활성산소(free radicals)로 전환된다. 활성산소는 미토콘드리아를 가장 잘 손상시키고, 손상된 미토콘드리아에서는 보다 많은 활성산소가 발생해 세포의 산화적 손상을 가속화시킨다. 따라서 미토콘드리아는 활성산소를 만들어 세포의 노화를 촉진하는 주범이라고 할 수 있다.

공기 중의 산소가 쇠를 녹슬게 하거나 잘라 놓은 사과를 변색시키는 것처럼 활성산소는 생체 조직 내의 세포를 녹슬게 하고 손상시키며 아미노산을 산화시켜 단백질의 기능을 저하시켜 인체를 노화시킨다. 또한 당뇨병, 동맥경화, 백내장, 아토피성 피부염 등 각종 질환을 유발하거나 DNA에도 손상을 가해 돌연변이를 일으켜 암을 발생시키기도 한다.

활성산소에 의한 손상은 태어나서 죽을 때까지 지속되는데, 젊은 시절에는 원래부터 가지고 있는 SOD라는 강력한 항산화물질 등의 작용으로 손상을 빨리 회복시켜 파괴 효과가 상대적으로 작지만, 나이가 들수록 활성산소에 의한 손상이 누적되어 이에 대항하는 항산화능력이 떨어져 노화가 진행된다. 이 이론에 근거하면 어떻게 미토콘드리아를 건강하게 유지할 수 있는가가 결국 노화의 속도를 줄이는 관건이라고 할 수 있다.

▶텔로머레이즈 이론(Telomerase Theory)

미국 캘리포니아의 게론 코포레이션(Geron Corporation)의 과학자들에 의해 발표된 이론으로, 염색체의 끝부분으로부터 뻗어 나오는 일련의 핵산에 해당되는 텔로미어(telomeres)라는 것을 재생하는 효소인 텔로머레이즈 때문이라고 하는 이론이다. 텔로미어는 세포 분열을 하여 염색체가 복제될 때도 복제되지 않으며, 세포 분열이 거듭될수록 길이가 점점 짧아져 다 닳으면 그 세포는 더 이상 세포 분열을 하지 못하고 죽는다. 따라서 염색체의 텔로미어 길이가 세포의 수명을 예측하는 지표가 되는 것이다. 이 이론에 근거하면 세포에 텔로머레이즈를 주입해서 세포 분열을 하더라도 텔로미어의 길이를 유지하면 세포가 죽지 않아 노화를 늦추는 것이 가능하다고 한다.

그러나 텔로머레이즈를 사용하면 암세포가 무한히 분열을 계속하면서 증식하기 때문에 암 발생 위험도 커진다. 이런 특성 때문에 정상 세포에서는 텔로미어가 짧아지는 것을 막거나 늦추면 세포 노화를 막거나 늦출 수 있고, 반대로 암세포에서는 텔로머레이즈를 억제하면 암세포의 성장을 막을 수 있기 때문에 암 치료와 노화 방지 분야에서 동시에 연구가 진행되고 있다.

노화의
신호

노화는 질병이나 사고에 의한 것이 아니라 시간이 흐름에 따라 생체 구조와 기능이 쇠퇴하는 현상을 말한다. 즉 노화는 수정에서부터 태아기, 유아기, 아동기, 청소년기, 성인기, 노년기 등으로 이어지면서 죽음에 이르기까지 사람이 시간의 경과와 더불어 서서히 모든 장기의 기능이 저하되거나 정지되어 가는 과정을 말한다. 노화에 따라 나타나는 생물학적 특성을 보면 다음과 같다.

- 소화기능 : 나이가 들면서 침의 분비, 위액, 소화효소가 감소하며, 이는 칼슘과 철과 같은 무기질의 분해와 흡수를 어렵게 하여 골격계 질환을 가져오거나 빈혈이 증가한다.
- 혈액순환기능 : 고혈압, 동맥경화증, 뇌졸중 등이 나타난다.
- 호흡기능 : 폐에 들어와서 순환되지 않고 남아 있는 호흡의 양이 점점 증가하여 폐 등 호흡기 질환의 주된 원인이 되기도 한다.
- 기초대사기능 : 기초대사율은 감소하고 탄수화물 대사율은 증가한다. 이것은 인체 내부에 당분이 적절히 유통되지 못하고 혈액에 정체되어 당뇨병의 원인이 된다.
- 신장기능 : 인체 내의 수분과 전해질의 균형, 산과 염기의 평형, 체내 노폐물의 배설 등을 담당하는 기능이 저하된다.
- 비장기능 : 당을 조절하는 인슐린의 생산 저하를 가져옴으로써 노인성 당뇨병의 발생률을 증가시킨다.
- 간과 담낭기능 : 간세포가 줄어들어 간의 질량이 낮아지고, 재생력이 감소하며, 담즙을 구성하고 있는 성분들의 고형화로 담석증에 걸릴 가능성이 높아진다.
- 수면 : 불면현상이 나타나는데, 불면은 노년기의 우울증이나 신경증, 죽음에 대한 공포 등의 심리적 문제로 인해 발생하기도 한다.

- 방광기능 : 산성성분과 요소성분의 감소에 의해 야뇨현상이나 방광염을 유발한다.
- 생식기능 : 여성은 폐경, 남성의 경우는 생식능력을 상실한다.
- 피부 : 신진대사의 약화로 인해 세포분열이 느려져서 상처의 치유 속도가 늦어지며, 피부의 신경세포와 혈관이 감소하여 체온 조절력이 감소한다.
- 골격 : 뼈가 약해지고 골다공증이 발생한다.
- 근육 : 근육이 약화된다.
- 신장과 체중 : 신장과 체중이 줄어들게 된다.
- 치아 : 이빨이 점차 빠진다.
- 시각기능 : 40세 이후부터 동공 근육의 탄력성이 약화되고 수정체 내부의 섬유질이 증가하여 근거리의 장애를 갖고 시각이 흐려지는 노안이 발생한다.
- 청각기능 : 50세 전후 난청현상이 나타나기 시작한다.
- 미각기능 : 40세 이후부터 서서히 미각 세포가 감소하다가 60세 후반부터 감소현상이 증가하고, 70세경이 되면 단맛과 짠맛을 점차 느끼지 못한다.
- 통각기능 : 질환을 파악하는 능력, 질환의 고통을 감지하는 능력이 떨어진다.
- 촉각기능 : 피부의 노화에 따라 촉각기능이 저하된다.
- 후각기능 : 후각과 폐의 기능이 약화될수록 후각기능이 떨어진다.

ANTI-AGING

노화의 기준은 과거에는 주로 생물학적인 부분을 이야기하여 나이만 많으면 늙었다고 하였다. 그러나 요즘은 나이는 먹었지만 같은 나이에 비해 젊어 보인다고 하거나 나이는 젊은데 나이보다 늙어 보인다고 하는 것을 보면, 노화를 무조건 생물학적 변화로만은 설명할 수 없다. 실제로 60세인 사람이 45세와 같은 신체 연령을 가질 수도 있고, 그 반대로 45세인 사람이 80세 노인의 신체 연령을 가질 수도 있는 것이다. 또한 나이가 들었지만 젊게 하고 다니는 사람이 있는 반면에 나이는 젊은데 노인처럼 하고 다니는 경우가 있다. 따라서 노화의 기준은 생물학적인 변화 이외에도 심리학적인 변화 및 사회적 변화의 과정까지 모두 포함하고 있다.

심리학적인 변화는 마음으로 노화를 느끼는 현상을 말한다. 즉 생물학적인 노화가 이루어지더라도 심리적인 노화가 이루어지지 않으면 젊게 살 수도 있지만, 심리적인 노화가 찾아오면 생물학적인 노화가 늦더라도 더욱 늙어 보이기도 한다. 실제로 심리적으로 노화가 이루어지면 몸과 마음이 더욱 쇠잔하고 초췌해지면서 더욱 무기력해진다.

사회학적인 노화는 사회에서 직업적·생산적 활동에서 은퇴하면서 삶을 새롭게 조정해 가는 과정을 말한다. 사람이 은퇴를 하면 생활 습성이 바뀌기 때문에 기상과 취침 시간의 변화, 교통수단의 변화, 식사 장소와 습성의 변화, 만나는 사람들의 사회적 계층의 변화가 생긴다. 따라서 사회학적 노화는 우울증, 소외와 고독감, 무력감, 정서의 불안 등을 가져올 수 있다.

CHAPTER 2

다양한

노화현상

가는귀가
먹는다

소리는 귓바퀴에 모여서 외이도(外耳道)를 타고 중이에 들어가 고막을 진동시킨다. 고막의 진동은 달팽이관(와우)에 섬유 모양으로 나 있는 청각 세포에 의해 수집된 후 청신경을 통해 뇌로 전달된다.

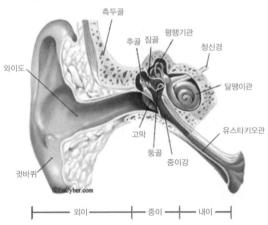

〈그림 1〉 귀의 구조

난청은 소리가 각 과정에서 다음 단계로 전달되지 않을 때 나타나는 현상을 말한다. 그중에서 노인성 난청은 달팽이관의 청각 세포가 고막에서 전달되는 소리를 제대로 인식하지 못해서 나타나는 것으로, 나이가 들어가면서 서서히 청력이 떨어지는 자연스러운 노화현상이다. 노인성 난청의 원인은 달팽이관이 장기간 동안 소음을 들음으로 인해서 망가졌거나 노화로 인해 기능이 퇴화하기 때문이다.

노인성 난청에는 근본적인 치료법이 없으며, 나이가 들고 방치할수록 증세가 계속 나빠진다. 노인성 난청은 45세 이상의 성인 4%가량에서 나타나며, 65~75세 성인 중에는 30~35%가, 75세 이상에서는 50% 이상이 난청일 만큼 흔하게 나타난다. 노인성 난청은 서서히 진행되기 때문에 환자 자신도 자각하지 못하는 경우가 많다. 그러다 'ㅅ, ㅆ, ㅈ, ㅊ' 등의 특정 발음을 유난히 듣지 못하게 되는데, 그럴 경우 노인성 난청을 의심해 봐야 한다. 노인성 난청은 일상 대화 음역대보다 훨씬 높은 음역(4000㎐ 이상)에서 시작되나 난청이 진행되면 저음역대에서도 나타나 전체적으로 소리를 듣는 데 점점 어려움을 느끼게 된다.

난청은 남성이 여성보다 3배 정도 심한데, 이는 남성들이 여성에 비해 군대에서의 사격 훈련, 사회생활에서 소음 등에 더욱 많이 노출되기 때문이다. 또는 유전적 원인 때문에 남들보다 일찍 찾아오는 경우도 있다.

노인성 난청은 40대~50대에는 주로 고음만 안 들려 생활에 지장이 거의 없는 경우가 많지만, 나이가 들고 시간이 지날수록 대화에 불편을 느끼는 상태가 된다. 노인성 난청은 대부분 양쪽 귀에서 비슷하게 진행되며, 진행 속도가 느려서 청력이 나빠지는 것을 잘 인식하지 못하는 경우가 있다. 처음에는 서서히 진행되지만, 나이가 들면서 점차 가속화된다. 이를 소위 '가는귀먹은' 상태라고 한다. 발음을 주로 못 들어서 무슨 말인지 단번에 인지하기 어렵기 때문에 상대방이 소리를 질러야만 인식하게 된다. 이로 인해 주변 사람들은 노인성 난청에 걸린 사람과 대화하는 것을 꺼리게 되고, 잘 듣지 못하게 된 노인들은 상처를 받거나 자신의 상태를 노출하지 않기 위해 사람들과의 접촉을 꺼리게 되는 것이 문제다. 더 큰 문제는 노인성 난청이 심해지면서 심리적으로 노화에 대한 스트레스와 불안, 건강에 대한 염려 등으로 삶의 질이 저하되어 우울증에 시달리게 된다는 것이다.

노인성 난청은 방치하게 되면 뇌의 언어중추(말소리를 이해하는 신경)까지 퇴화되기 때문에 초기에 이상 징후를 느낄 때 바로 귀 전문 이비인후과에 가서 치료를 받아야 한다. 난청의 정도를 고려해 전문화된 관리와 치료가 필요하기 때문이다. 적절한 시기에 보청기를 사용하면 어느 정도 난청을 해결할 수 있지만, 난청을 오래 방치하게 되면 신경 계통의 손상이 심해져 보청기를 착용해도 소리는 들리지만 말소리를 구분하지 못하는 고질적인 상태가 된다.

아직까지 이미 시작된 노인성 난청을 막거나 완치하는 방법은 없다. 따라서 난청은 무엇보다도 예방이 중요하다. 난청을 예방하기 위해서는 되도록 어릴 때부터 소음에 노출되거나 음악을 크게 듣는 습관을 갖지 않게 해야 한다. 또한 심한 스트레스와 내과적인 만성병이 난청으로 발전할 수 있으므로, 평소 스트레스를 받지 않는 건강관리도 중요하다.

가까운 게
보이지 않는다

노안이란 나이를 먹으면서 약 25~30cm 정도의 근거리에 있는 물체가 잘 보이지 않는 상태를 말한다. 눈은 멀리 보거나 가까운 것을 볼 때 수정체가 자동적으로 두꺼워졌다 얇아졌다 하면서 망막에 초점을 맺어 정확하게 물체를 볼 수 있도록 되어 있다. 따라서 나이가 젊을 때에는 모양체나 수정체의 탄력이 뛰어나 아주 가까운 거리에 있는 물체를 볼 때 모양체가 수축하고 수정체가 두꺼워져 굴절력이 증가되어 또렷이 볼 수가 있다. 그러나 나이가 들어가면서 수정체의 탄력성이 떨어지고 비대해져 가까운 것을 볼 때 수정체의 굴절력이 증가하지 않기 때문에 먼 거리는 잘 보이고 가까운 곳에 있는 상은 흐리게 보이게 된다. 노안은 노화에 따라 몸의 모든 세포의 기능이 떨어지듯 눈 속의 수정체도 탄력성이 떨어져서 조절이 제대로 되지 않기 때문에 생기는 일반적인 현상이다.

일반적으로 45세 이상이 되면 가까운 것이 안 보이게 되어 신문이나 책을 볼 때 자기도 모르게 눈에서 멀리 하고 보게 된다. 최근에는 컴퓨터와 스마트폰의 사용이 잦은 30대 후반에서 40대 초반 직장인들에게도 조기에 노안이 찾아와 많은 불편을 호소하고 있다. 처음에는 노안을 교정하기 위한 볼록렌즈의 도수가 높지 않으나 점점 노안을 교정하기 위한 볼록렌즈의 도수가 높아지게 된다. 그러나 대개 50대 후반 이후에는 더 이상 노안이 진행되지 않는다. 노안이 오면 근거리에 있는 물체를 제대로 보지 못하는 시력 장애 이외에도 시야가 흐리고 불쾌감 등을 느끼며, 특히 조명이 어두우면 증상이 더욱 악화된다.

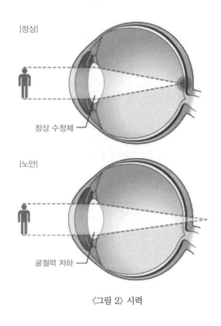

|정상|

정상 수정체

|노안|

굴절력 저하

〈그림 2〉 시력

 일반적으로는 근시나 원시 등이 노안의 발달에 큰 영향이 없다고 한다. 하지만 원시의 경우는 원래 근점이 정상보다 멀어서 노안 현상을 빨리 느끼게 되고, 근시인 사람은 노안의 발견이 늦으며 노안이 되더라도 가까운 것이 잘 보이므로 돋보기안경과 같은 별도의 교정은 하지 않아도 된다. 그러나 근시의 경우는 원래 눈의 초점이 근거리에 맞춰져 있기 때문에 노안이 와도 멀리 볼 때 안경을 착용하는 것은 이전과 같으며, 단지 가까이 볼 때 안경을 벗고 보는 것이 더 편해지는 증상이 나타난다.
 노안으로 인해 생기는 문제는 신문이나 책을 볼 때 습관적으로 고개를 뒤로 하고 인상을 찡그리기 때문에 스스로 남들 보기에 늙었다는 생각이 들어 자신감을 상실하거나 심하면 노화에 대한 스트레스를 받게 된다.

노안을 해결하는 가장 보편적인 방법은 소위 돋보기라고 하는 볼록렌즈로 선명하고 안락한 근거리 시력을 찾도록 처방하는 경우가 많다. 그러나 원거리를 볼 때는 안경을 벗어야 하는 단점이 있어 요즘에는 원거리와 근거리 모두를 위해 이중 초점렌즈 또는 누진 다초점 렌즈를 사용하기도 한다. 그러나 가까운 것이 안 보인다고 무조건 돋보기안경을 찾으면 오히려 노안이 더욱 심해질 수 있다. 따라서 노안이 오면 가까운 안과를 방문하여 정확한 검사와 진단을 통해 자신의 눈에 맞는 알맞은 처방을 받아 치료하는 것이 가장 좋은 방법이다.

▶노인성 백내장 : 사물이 뿌옇게 보인다.

WHO 통계에 따르면 백내장, 녹내장, 망막질환 등의 안과질환이 시각장애의 원인이 되는 것으로 알려져 있으며, 시각장애인 4명 중 3명이 이러한 안질환을 적절하게 치료하지 않아 실명에 이른다고 한다. 보건복지부 통계자료에 따르면 우리나라 60세 이상 노인들 중 90% 이상이 노인성 안질환을 앓고 있다고 한다. 그중 백내장이 절반 가까운 비율(44.4%)을 차지하고 있다. 그 다음으로는 결막, 망막질환이 20.8%, 녹내장이 1.1%로 그 뒤를 잇고 있다.

백내장은 눈 안의 수정체가 혼탁해져서 더러운 유리창을 통해 보는 것처럼 흐리게 보이는 질환을 말한다. 또한 햇빛에 대한 눈부심 현상으로 눈이 시리면서 눈물이 나고, 한쪽 눈으로 볼 때 물체가 이중으로 보인다. 마치 카메라의 렌즈가 깨끗하지 못하면 사진이 잘 나오지 않는 것처럼 빛이 망막에 상을 선명하게 맺지 못해서 시력에 장애를 초래하는 질환이다.

백내장은 선천성과 후천성이 있는데, 선천성은 임신 초기에 임신부가 풍진(風疹) 등에 걸렸을 경우나 유전 등에 의해 발생한다. 후천성은 눈에 대한 직접적인 외상, 눈 수술을 받은 후, 포도막염, 노인성 백내장 등이 있다. 하지만 대부분 45세 이상에서 발생하는 백내장은 수정체의 노화 현상으로 발생하는 노인성 백내장, 즉 연령 관련 백내장이다.

노인성 백내장의 원인은 정확히 알려지지 않았으나 나이가 들면서 수정체 섬유 단백의 분자량이 증가하면서 서서히 투명성을 잃어 가는데, 수정체의 혼탁 정도에 따라 초기 백내장, 미숙 백내장, 성숙 백내장, 과숙 백내장으로 나눈다.

백내장은 정상적인 시력에서는 아주 느리게 조금씩 시력 저하가 발생하기 때문에 뚜렷이 올 때까지 알지 못하고 방치하는 경우가 많다. 백내장은 대표적인 노인성 질환이지만 최근에는 40대의 비교적 젊은 연령에서 발생하는 경우가 많은데, 본인이 아직 백내장이 발생할 나이가 아니라고 단정하고 있다가 건강검진에서 시력 저하를 통해 우연히 발견하게 되는 경우도 있다. 우선 침침하고 물체가 뿌옇게 보이는 증세가 생겼다면 백내장을 의심해 보는 것이 좋다.

보통 백내장 초기에는 일반적으로 점안약과 내복약으로 약물치료를 하고 자외선 차단 등으로 병의 진행을 최대한 늦추는 조치를 취하게 된다. 하지만 약물치료만으로는 혼탁해진 수정체가 다시 맑아지지 않고 진행을 늦추는 효과가 일부에서만 나타나기 때문에 결국 수술적인 치료가 필요하다.

최근의 백내장 수술은 초음파유화술이라고 해서 절개를 최소화하고 초음파 에너지를 이용해 백내장을 액화시킨 후에 흡입하고 인공수정체를 삽입하는 방법을 사용한다. 절개가 작기 때문에 수술 시간이 단축되고 통증도 적으며 시력 회복도 아주 빠르다. 그러나 수술이 늦어져 백내장이 너무 많이 진행된 경우에는 수정체가 딱딱해지기 때문에 수술 방법이 복잡해질 수 있고 수술 시간도 오래 걸리고 회복도 늦어지게 된다. 따라서 정기 검진을 통해 적절한 시기에 수술을 하는 것이 바람직하다.

백내장 수술을 하면 개인의 눈에 맞춰 인공수정체를 삽입해야 하는데, 이때 보통 원거리에 초점을 맞춘다. 따라서 원거리를 볼 때 시력은 100% 만족하는데, 가까이 있는 것을 보려면 돋보기를 써야 하는 불편함이 있다. 노안을 같이 치료하려면 원거리와 근거리에 모두 초점이 맞는 다초점 인공수정체를 삽입하면 안경을 쓰지 않고도 85%의 환자가 원거리나 근거리 모두를 불편 없이 볼 수 있어서 백내장과 노안을 동시에 치료할 수 있다. 그러나 황반변성, 당뇨망막증, 고도 난시 등을 갖고 있는 환자들에게는 사용이 제한된다.

노인성 백내장은 연령 증가에 따른 자연스러운 노화 과정에 의한 것으로 특별한 예방법은 없지만, 되도록 눈에 외상을 입지 않도록 해야 하며, 당뇨병 등의 대사성 질환을 잘 관리하는 것도 중요하다.

▶노인성 녹내장 : 초점 맞추기가 어렵다.

눈에서는 안구에 영양을 공급하기 위해 방수라는 물이 만들어지는데, 방수의 움직임을 위해 적정 안압을 유지한다. 방수는 기능을 수행한 후 배출구로 빠져나가는데, 배출구가 막혀 방수가 배출되지 못하게 되면 안압이 높아지게 된다. 따라서 눈이 제 기능을 유지하려면 혈압처럼 일정한 안압이 필요하다. 대개 정상인의 안압은 15~21mmHg 정도다. 눈 속의 가장 약한 조직인 시신경은 안압이 높아지거나 혈류에 문제가 생기면 손상을 받게 되는데, 녹내장은 안압이 높아져 시신경이 손상되어 점차 시야가 좁아져 결국 실명에 이르는 질환을 말한다. 녹내장은 대표적인 노인성 질환으로 당뇨망막증, 황반변성과 함께 3대 실명 질환이기도 하다.

노인성 녹내장은 주로 40세 이후 발생 빈도가 증가하며, 60대 이후에는 이전보다 발병률이 6배나 높아진다. 녹내장 환자는 전체 인구의 2% 정도인 90~100만 명 정도에 이르는 것으로 추산되고 있다.

노인성 녹내장의 증상은 초기에는 잘 느끼지 못하기 때문에 시야검사를 해야만 알 수 있다. 하지만 말기에는 마치 터널 속에서 밖을 보듯 주변시야가 좁아져 중심부만 보이는데, 이러한 증상이 나타난다면 이미 녹내장이 진행되어 시신경이 많이 손상됐다고 봐야 한다. 녹내장이 심한 경우에는 불빛 주위에 녹색 또는 주황색 달무리가 보이고, 초점을 맞추기가 어려우며, 가끔씩 머리가 무겁거나 아프고, 메스꺼움이나 어깨 결림 등의 증상이 나타나기도 한다. 다른 노인성 질환이 그렇듯이 녹내장도 한 번 손상된 시신경은 다시 회복시킬 수 없기 때문에 무엇보다 조기 발견이 중요하다.

　녹내장은 대부분 만성으로 진행되며, 장기간에 걸쳐 서서히 안압이 높아지므로 말기에 이르기까지 증상을 느끼지 못하는 경우가 많다. 그러나 급성 녹내장은 갑자기 안압이 높아져 심한 통증을 유발하기도 한다. 녹내장이 생기는 원인은 시신경의 손상도 있지만, 외상이나 백내장 수술 후에 생기기도 하고, 유전적인 경우도 있다. 또한 당뇨·고혈압·갑상선 질환 등 전신 질환이 있는 사람에게 많이 나타난다.

　노인성 녹내장은 고혈압, 당뇨병처럼 평생 관리해야 한다. 약제는 다양하지만 각각 부작용이 있으므로 자신에게 맞는 약을 찾는 것이 중요하다. 수술은 근본적인 치료이기는 하나 배출구가 다시 막힐 수도 있고, 안압이 너무 떨어지거나 백내장이 올 수도 있다.

피부가
탄력을 잃는다

　피부는 신체의 외부를 덮고 있는 하나의 막으로, 여러 가지 외부의 자극, 장해, 건조 등의 환경 요소로부터 신체를 보호해 주는 중요한 기관이다. 또한 피부는 다양한 생리적 기능을 수행하여 내부 장기와 그 밖의 체내 기관을 보호·조절하는 역할을 한다. 피부의 총면적은 연령, 성별, 부위에 따라 차이가 나지만, 성인의 경우 약 $1.6m^2$이고, 중량은 체중의 16%에 달하며, 신체 부위 중 눈꺼풀이 가장 얇고 손바닥과 발바닥이 가장 두껍다.

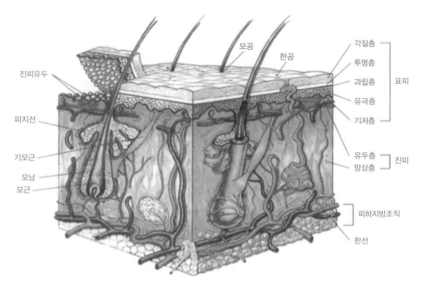

〈그림 3〉 피부의 구조

　노화가 진행될수록 가장 잘 나타나는 것이 바로 피부 노화다. 피부 노화는 피부 조직이 탄력을 잃으면서 늙어가는 현상을 말한다. 피부 노화는 나이가 들수록 주름살이 깊어지고 거칠어져 추한 모습으로 변화되기 때문에, 나이가 들수록 외모의 변화로 심각한 고민에 빠지게 만든다.

　피부 노화가 진행되면 피부의 수분이 빠져나가 건조해지고, 갈색 기미와 모세 혈관 파열 자국이 나타난다. 이로 인해 얼굴에는 주름이 생기고, 피부가 건조해지고 이완되어 이중 턱이 되고 눈꺼풀도 처지게 된다. 피부색도 회색으로 변하면서 노인성 반점이 생기고, 손톱과 발톱은 두꺼워지고 잘 부서진다. 노인들의 피부 노화 현상은 피하 지방층의 분포에도 변화를 가져와 얼굴이나 어깨 하지에서는 지방층이 줄어드는 반면에 엉덩이나 복부에서는 늘어나게 된다.

피부 노화는 장기간에 걸쳐 일어나는 미세한 변화가 축적되어 나타나기 때문에 피부 노화의 원인을 정확하게 단정 짓기는 어렵다. 하지만 통상적으로 정상적인 노화, 개인의 유전적 성질, 자외선 노출과 같은 환경적 요인에 기인하는 것으로 알려져 있다. 현재까지 거론된 피부 노화 현상은 크게 자연 피부 노화, 열 피부 노화, 자외선으로 인한 피부 노화, 공해에 의한 피부 노화, 스트레스에 의한 피부 노화, 질환에 의한 피부 노화로 나눌 수 있다.

자연적인 피부 노화는 누구에게나 발생하는 피부 노화로, 세월이 흘러감에 따라 나타나는 자연적인 현상이다. 사람에 따라 한두 달 빨리, 또는 늦게 올 수 있으나 대부분의 여성들은 48~52세 사이 폐경 이후에 피부가 급속히 노화되고 주름이 많아지며 피부의 탄력이 떨어지게 된다.

열 피부 노화는 말 그대로 피부가 열을 받으면서 피부의 온도가 올라가 피부의 노화가 촉진되는 현상이다. 피부의 온도는 햇볕에 의해서도 높아지지만, 뜨거운 물에서 목욕을 오래 하거나 사우나를 즐길 때에도 열에너지로 인하여 피부의 온도가 올라가게 된다.

자외선으로 인한 피부 노화는 햇빛에 장기간 피부가 노출되면서 노화가 진행되는 것을 말한다. 따라서 오랜 세월 동안 자외선에 노출된 노인은 그렇지 않은 노인들에 비해 얼굴과 팔에 잔주름살, 깊은 주름살,

과색소 침착, 색소 탈색, 피부 건조, 탄력성 감소 등이 많이 나타난다. 그러나 자외선에 노출되지 않은 피부인 엉덩이, 배는 상대적으로 피부 노화현상이 적게 나타난다.

공해에 의한 피부 노화는 살면서 주변의 오염된 공기나 물 등의 공해에 의해 피부 노화가 일어나는 현상을 말한다. 실제로 청정 지역에 사는 사람보다 도심, 대로변에 사는 사람들의 피부 노화가 더 심하다는 사실이 밝혀지기도 했다. 예를 들어 평생 흡연을 해 온 사람의 피부는 담배를 피우지 않는 사람에 비해 육안으로 보기에도 훨씬 늙어 보이고, 내부 장기의 손상과 더불어 피부 건강 자체가 나빠지게 된다.

스트레스에 의한 피부 노화는 스트레스가 급증하게 되면서 생긴 활성산소로 인해 피부 노화가 일어나는 현상을 말한다.

질환에 의한 피부 노화는 몸에 질환이 생기면서 피부에 노화가 생기는 현상을 말한다. 예를 들어 결핵, 신장이 나쁜 사람, 간이 나쁜 사람, 당뇨병이 있는 사람, 위장이 약한 사람, 체력이 약한 사람들은 피부가 거칠어진다.

이외에도 편식이 심한 사람, 생활이 불규칙한 사람도 피부가 나빠진다.

노인에게서 가장 흔한 피부질환은 노인성 가려움증, 무좀, 갈색 반점 등이 있는데, 이들에 대한 원인과 증상, 치료법을 보면 다음과 같다.

▶노인성 가려움증

노인성 피부 질환 중에서 가장 흔히 관찰되는 증상은 몸이 가려운 현상으로, 일명 소양증이라고도 한다. 노인성 가려움증은 대부분 피부가 건조하고 거칠어지면서 생기는데, 70세 이상 노년층의 절반 이상이 겪고 있는 흔한 증상이다. 젊을 때는 피부의 30% 이상을 수분이 차지하지만 나이가 들면 수분이 20%까지 떨어진다. 이밖에 당뇨 합병증으로 신경 손상이 생기면 피부가 작은 자극만 받아도 가려움을 느끼게 되고, 만성 신부전증에 걸리면 체내 노폐물 배설이 제대로 안 되고 온몸을 돌다가 피부 조직에 쌓이면서 가려움증이 나타난다.

가려움증은 밤에 심하며, 계절적으로는 건조한 시기인 겨울에 특히 심해진다. 노인성 가려움증은 실내 온도가 높고 습도가 낮아 건조한 아파트에 살거나 목욕을 매일 하는 경우 더 흔하게 나타난다. 목욕을 한 후에 더 심해지는 경우도 있으며, 가려움증이 심할 때 계속 긁게 될 경우 피부에 습진과 감염증을 초래하게 된다.

노인성 가려움증을 줄이기 위해 제일 중요한 것은 피부가 건조해지지 않도록 하는 것이다. 이를 위해 샤워나 목욕을 줄여 주 1회만 하여 피지가 씻겨 나가지 않도록 해야 한다. 그리고 타월이나 비누를 쓰지 말고 맨손으로 물만 끼얹어서 씻으면 가려움증 완화에 도움이 된다.

▶ 무좀

65세 이상 노인의 80% 정도가 무좀 또는 발톱 무좀을 갖고 있다. 노인 무좀이 증가하는 원인은 면역 기능이 떨어지고, 피부의 재생 속도가 감소되기 때문이다. 또한 생활 습관상 피부 청결 관리를 게을리 하는 경우에도 생긴다. 무좀에 걸리면, 발바닥의 피부가 두꺼워 지고 물집이 생기거나 발톱 사이가 짓무르게 된다. 발톱에 무좀이 걸리면 발톱이 노랗게 변하고 두꺼워지며, 쉽게 부스러진다. 가려움증이 심하면 간지러워서 긁게 되는데, 이는 이차적으로 습진을 발생시키거나 세균 감염의 원인이 될 수 있다.

▶갈색 반점

갈색 반점은 70세 이상 노인의 90% 이상에서 매우 흔하게 나타나는 증상으로, 나이가 들수록 피부에 소위 저승꽃이라 불리는 갈색 반점이 많아진다. 대표적인 갈색 반점은 햇볕에 오래 노출된 얼굴, 손등, 팔뚝 부위에 잘 생긴다.

갈색 반점을 예방하는 방법은 일상생활 중 햇빛을 피하거나 자외선 차단제를 바르면 많은 경우 예방이 가능하다. 갈색 반점의 치료는 화학적으로 피부를 벗겨내는 방법인 화학 박피술과 레이저로 반점을 태우는 레이저 치료법이 있다.

피부의 노화를 방지하기 위해서는 우선 피부 노화의 원인을 없애는 것이 중요하다. 따라서 자연적인 피부 노화를 방지하기 위해서는 규칙적인 생활을 하면서 폐경기에 이르렀을 때 특히 관리를 해주어야 하며, 햇볕과 자외선을 피하고 뜨거운 물이나 장시간 목욕을 자제하여 피부에 열을 가하지 않도록 하는 것도 중요하다. 뿐만 아니라 공해에 피부가 노출되지 않도록 하며, 질환에 걸리지 않도록 관리해야 한다. 그리고 지속적으로 크림제 등을 발라 피부를 유연하게 하거나 적당한 운동을 규칙적으로 하여 피부의 탄력성을 유지하는 것이 좋다.

치아가
흔들리고 빠진다

옛날부터 치아는 오복(五福) 중에 하나라고 하였다. 원래 오복이란 장수하는 것, 물질적으로 넉넉하게 사는 것, 몸이 건강하고 마음이 편안한 것, 도덕 지키기를 좋아하는 것, 제 명대로 살다가 편히 죽는 것을 말한다. 그런데도 치아 건강이 오복 중 하나라고 하는 이유는 치아 건강이 몸 전체의 건강과 연관이 깊어 세 번째 행복인 몸이 건강하고 마음이 편안하기 위해 필요한 것이 치아 건강이기 때문에 끼워 맞춘 것이다. 그만큼 우리 삶의 행복을 위해 필수적인 것이 건강한 치아라는 것이다.

치아는 이상이 생기면 바로 치과 치료를 통해 빨리 회복하는 것이 몸 전체의 건강을 위해 무엇보다도 중요하다. 그러나 치아 관련 질환은 속성상 활동기와 휴식기가 있어 몸이 피곤하면 잇몸이 욱신거리고 붓다가, 좀 쉬고 나면 가라앉게 되므로 대수롭지 않게 생각하고 참는 경우가 많다. 그러다 아프면 정확한 진단 없이 약부터 사먹는 경우가 많다. 약을 먹으면 마치 약 때문에 증상이 호전되는 것으로 착각하기 쉽지만, 그것은 휴식기가 되었기 때문일 수 있다. 그러다 보니 치아에 이상이 생긴 것을 발견하게 될 때는 이미 모든 치아가 망가져서 더 이상 치료나 재생이 불가능할 때가 많다. 따라서 치아를 오랫동안 잘 사용하려면 이상이 생겼다고 생각될 때 바로 치과에 가서 정확한 진단과 치료를 받아야 한다. 안 그러면 손으로 막을 수 있는 일을 포클레인으로도 막지 못하는 경우가 생긴다.

노년기에 치아가 건강하지 못하면 음식물을 씹기가 어려울 뿐만 아니라 영양 불균형이나 소화 불량, 스트레스로 이어지게 된다. 또한 치아가 빠져 씹지 못하면 뇌가 자극을 받지 못해 뇌세포 활동이 느려지고, 노인성 치매를 유발하거나 악화시킬 수도 있다. 치아가 건강하면 평균적으로 약 7년 정도의 수명이 연장된다고 할 정도로 치아가 있고 없고는 매우 중요하다.

▶잇몸질환

잇몸 질환은 치아를 둘러싸고 있는 잇몸, 치조골, 치아와 치조골을 연결시켜 주는 치주인대 등에 염증이 발생하여 잇몸이 붓고, 피가 나며, 통증이 수반되는 염증성 질환을 말한다. 잇몸 질환의 주요 원인은 구강 내 살고 있는 세균이 치아와 잇몸 사이에 부착되어 독소를 만들고, 치조골을 파괴하며, 잇몸을 붓게 만들기 때문이다.

잇몸 질환은 성인 10명 중 9명이 걸릴 정도로 일반적인 성인병이라 불리기 때문에 노인이 되면 거의 모든 사람이 걸리는 증상이다. 잇몸 질환은 초기에는 별다른 증상이 없으나 자각 증상을 심하게 느낄 정도가 되면 치료가 불가능하고, 결국 치아를 잃게 될 수도 있으므로 주의해야 한다.

잇몸 질환은 크게 치주염과 치은염으로 나눌 수 있다.

①치주염

치주염은 치아를 지탱하고 있는 치주 조직이 세균 및 독소에 의해 서서히 파괴되는 것으로, 방치할 경우 결국 치아가 흔들리면서 빠져 버려 풍치라고도 부른다.

치주염의 원인은 통상적으로 치은염을 치료하지 않은 상태로 계속 방치하여 치아와 치은 경계부에 국한되어 있던 프라그나 치석이 잇몸 뼈 쪽으로 진행되어 잇몸 뼈가 영향을 받으면서 서서히 잇몸 뼈가 녹게 된다. 이 경우에 잇몸 뼈의 파고와 그에 따른 치석의 잇몸 뼈 쪽으로 진행 등의 악순환이 계속된다.

치주염의 증상은 입 냄새가 심하게 나거나 잇몸이 붓고 양치질할 때 피가 난다든지, 잇몸이 주저앉아 치아가 길어 보이는 현상 등이 나타난다. 오랫동안 치주염을 방치하면 잇몸 뼈가 녹아서 임플란트를 하고 싶어도 할 수 없기 때문에 조기에 발견하여 치료하는 것이 중요하다.

치주염의 치료 방법은 간단히 치석 및 질환의 원인을 제거하기 힘들어지기 때문에 잇몸 속의 치아뿌리에 붙어있는 치태와 치석을 제거하고 치아 뿌리 표면을 매끄럽게 하는 치근 활택술로 치료해야 한다.

②치은염

치은염은 잇몸 질환의 초기단계로, 치은과 치아 경계 부위에 침착되는 플라그 및 치석으로 인해 염증이 생기는 것을 말한다. 치은염의 가장 흔한 증상은 잇몸이 약간 부으면서 칫솔질할 때 피가 나는 것이 특징이다. 치은염의 경우 소아에서 흔히 나타나며, 치은염이 심하지 않은 경우에는 올바른 칫솔질과 스케일링만으로 간단히 치료할 수 있다.

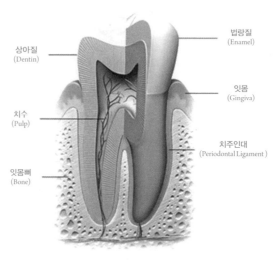

상아질
(Dentin)

법랑질
(Enamel)

잇몸
(Gingiva)

치수
(Pulp)

치주인대
(Periodontal Ligament)

잇몸뼈
(Bone)

〈그림 4〉 치아의 구조

잇몸 질환을 치료하지 않고 방치하게 되면 입 속 세균이 생성하는 독소가 혈관을 타고 들어가 심장 질환을 일으킬 수도 있고, 구강 염증이 잇몸에 퍼지면 치아가 모두 빠지는 합병증으로 이어지기도 한다. 또한 세균이 당의 흡수를 막아 혈당 조절에도 영향을 미칠 수 있다.

노인들은 '내가 살면 얼마나 살겠냐?'는 생각으로 잇몸 질환이 있어도 그냥 지나치는 경우가 많은데, 이처럼 단순히 치아 하나에만 국한된 것이 아니라 몸 전체의 건강을 좌우하게 되므로 반드시 치료해야 할 질병이다.

▶치아 마모

치아는 원래 일정한 높이를 갖고 있는데, 치아가 노화가 되면 비록 빠지지 않았더라도 심하게 닳는 것이 문제가 된다. 종종 모서리가 칼날처럼 날카로워진 경우도 있다. 그럴 때는 혀를 자극시켜 굳은살이 배게 하거나 심할 경우엔 종양이 생기게도 한다. 치아 마모는 치아를 오래 써서 생기는 경우도 있지만, 구연산을 포함하여 과일이나 콜라 등 산도(pH)가 낮은 음식을 섭취할 경우, 위장 장애로 위액이 역류되는 경우에도 발생할 수 있다. 치아가 심하게 닳으면 눈으로 신경관이 보일 정도로 노출되어 심한 통증이 생긴다.

치아 마모를 줄이기 위해서는 칫솔질을 하루에 한 번 정도만 아침에 하도록 해야 하며, 그래도 아프면 신경치료를 통해 통증을 없앨 수도 있다. 또 인공 치아를 덧씌우는 보철을 하면 마모로 인한 부작용을 어느 정도 해소할 수 있다.

▶구강 건조증

노년기로 접어들면 침샘의 노화로 인해 침이 잘 분비되지 않는데, 이것을 구강 건조증이라고 한다. 때로 침이 거품 모양이거나 끈적끈적하게 보일 경우도 있다. 침은 항균 작용뿐만 아니라 효소를 배출해 음식물 분해를 도우며, 면역 기능까지 담당하고 있다. 그런데 입안이 건조해지면 입 안의 항균 기능이 떨어지면서 세균 번식에 유리한 환경이 되어 각종 부작용을 일으킬 수 있다. 심한 경우에는 갈라져 통증을 느끼기도 하고, 치아나 잇몸에도 문제를 일으킨다. 특히 틀니를 한 경우, 침이 덜 나오면 구강 점막 보호에 어려움을 겪을 수도 있다.

구강 건조증을 줄이기 위해서는 수분을 공급하기 위해 물을 수시로 많이 마시거나 수분이 많은 음식을 먹는 것이 좋다.

▶노인성 충치

노년기에는 잇몸이 점차 내려앉아 치아 뿌리가 노출되고, 그로 인해 치아 뿌리에 충치가 생기는데, 이를 치근 우식증이라 한다. 실제로 60세 이상 노인의 70%가량이 치근 우식증을 앓는 것으로 확인되고 있다. 충치는 우리 입안에 사는 무수히 많은 세균 중 치아의 당분을 먹고 난 찌꺼기인 산 성분이 치아를 삭게 만들어서 생긴다.

노인성 충치를 예방하는 방법은 당분의 섭취 횟수와 양을 줄이고, 야채나 과일을 많이 섭취할 경우 치아에 달라붙은 음식 찌꺼기를 칫솔질로 씻어내는 것이다. 노인성 충치를 치료하는 방법에는 치아의 구멍 난 홈을 메우거나 덧씌우는 방법이 있다.

나이가 들면 아무리 관리를 잘한다고 해도 언젠가는 치아가 빠지게 된다. 있을 때는 고마움을 모르지만, 없어지면 고마움을 느끼게 되는 것이 치아다. 치아는 영양분을 섭취하고 이를 통해 에너지를 얻어 활동하는 모든 생명 순환 과정의 첫 관문이라고 할 만큼 중요하다. 뿐만 아니라 치아는 먹는 즐거움을 주기에 치아가 없거나 흔들리면 음식은 먹을 수 있어도 그 맛을 알지 못하게 되어 먹어도 즐겁지가 않게 된다. 또한 부드러운 음식도 씹지 못해 바로 삼켜 버려 소화도 잘 되지 않고, 매일 소화제로 위를 달래야 한다. 따라서 고기를 마음 놓고 먹을 수도 없고, 조금만 질기거나 딱딱한 음식은 먹고 싶은 마음은 굴뚝같아도 아예 손도 대지를 못하게 된다.

인체의 다른 기관들은 일정한 기간 동안 복원을 하는 데 비해 치아는 한 번 손상을 입으면 원래대로 복원할 수 없다. 치아는 유아부터 청소년기의 충치를 제대로 관리하지 못하면 평생 후회할 일이 생기고, 나이가 들면 치주병(풍치)으로 인해 치아가 빠지기 시작한다. 결국에는 모든 치아가 빠지고 임플란트나 틀니에 의존해야 한다. 이빨이 빠지면 본인이나 자녀들 모두 틀니와 임플란트 중 무엇을 해야 할지 고민에 빠지게 된다.

효능과 비용, 시술 시간 등의 구체적인 차이점을 모르니 답답하다는 하소연도 많다. 틀니와 임플란트를 여러 면에서 비교해 보면 다음과 같은 차이가 있다.

우선 시술 기간을 보면 틀니는 임플란트에 비해 시술 시간이 3~6개월 정도로 짧은 편이나 임플란트는 잇몸 뼈가 충분하다면 4개월 정도 기다려야 하며, 잇몸 뼈가 부족하다면 뼈 이식 후 3~4개월의 추가 기간이 필요하다.

씹는 힘의 차이에서는 틀니의 씹는 힘이 30~40점이라면, 임플란트는 90점 이상으로 자연 치아와 가장 가깝다.

가격 면에서 틀니는 500~1,000만 원 정도 들지만, 임플란트는 개당 비용이 150~250만 원까지 병원마다 차이가 크고 틀니보다 비싸다.

편리성 면에서 틀니는 발음이 불편하고 잇몸 통증, 이물감이 느껴지는 경우가 많은 반면에 임플란트는 고정되어서 넣었다 뺐다 하는 불편이 없고 자연 치아와 가장 가까운 느낌을 준다. 무엇보다도 틀니는 씹을 때마다 상하좌우로 움직이기 때문에 식사 때마다 심한 갈등과 스트레스를 받는다. 또한 씹는 힘이 원래 치아보다 약해 먹을 수 있는 음식이 제한적이다. 그리고 틀니를 끼기 때문에 잇몸이 간질간질하고 경우에 따라 염증이 생길 수도 있는데, 특히 밤에 틀니를 끼고 잘 때 많이 생긴다. 이럴 때는 틀니를 빼어 잇몸을 쉬게 하고 칫솔이나 손가락으로 잇몸 마사지를 해주는 것이 좋다.

틀니를 만들어서 처음에 꼈을 때는 많이 빡빡하고 심지어는 잇몸이 눌려서 잇몸까지 아프다. 하지만 점점 시간이 지나고 연수가 지날수록 틀니가 헐거워진다. 그 이유는 바로 잇몸 뼈가 점점 소실되기 때문이다. 치아를 상실하고 계속 방치해두면 임플란트를 시술할 수 있는 잇몸 뼈가 없어질 수도 있기 때문에 임플란트를 하려면 처음부터 시작해야 한다.

임플란트는 윗니와 아랫니를 지탱하고 있던 뼈 속에 인공 뿌리를 박아 인공 치아를 심는 것이다. 부분적으로 2개 혹은 4개를 심어 이를 지지대로 삼아 틀니를 거는 방식이 쓰인다. 이런 경우엔 흔들림이 거의 없는 정도까지도 가능하지만 비용이 비싸다는 단점이 있다. 임플란트는 모든 경우에 다 시술될 수 있는 것이 아니고, 임플란트를 하기에 충분한 잇몸 뼈가 있어야 한다. 발치를 하고서 오래 두면 치열이 삐뚤어지고 프라그 제거도 어려워 치주 질환을 더욱 부추기게 되므로 빠른 복원이 필요하다.

임플란트는 인공 치아에 신경이 없기 때문에 문제 발생 시 통증을 느끼지 못하고 지나치기 쉽다. 따라서 일반 치아와 마찬가지로 잇몸에 심어진 구조이므로 잇몸 건강을 유지하지 않으면 '임플란트 주위염' 일명 풍치에 걸릴 확률이 오히려 자연 치아보다 높게 나타나기도 한다. 또한 씹는 힘이 과도할 경우 치주인대가 있는 자연 치아와 달리 급격하게 뼈가 파괴돼 임플란트는 물론 잇몸까지 손상을 입게 된다. 또한 위아래 치아가 물리는 교합에 이상이 있으면 임플란트가 심어져 있는 잇몸조직과 잇몸 뼈에 과도한 압력과 지속적인 자극을 가해 염증을 유발하거나 임플란트가 흔들리는 요인이 되기도 한다.

따라서 임플란트를 오랫동안 사용하고 싶다면, 시술 후 잇몸 뼈가 안정되는 처음 1년은 3~4개월마다 정기 검사를 해야 하며, 그 이후로도 일 년에 한 번 반드시 정기 검사를 해야 한다. 또한 올바르고 효율적인 칫솔질과 정기적인 스케일링을 통해 잇몸질환을 예방하는 것이 좋다. 임플란트는 약 15년의 수명을 보장하고 있긴 하지만 사용하는 사람의 습관에 따라 그 기간이 연장되기도 한다.

임플란트를 하고 싶지만 잇몸 뼈가 삭아서 없는 경우에는 잇몸 뼈를 이식하는 수술을 하는데, 이식에 쓰이는 뼈는 자가 뼈나 인공 뼈를 사용한다. 보통의 자가 뼈 이식은 하악골의 턱 부위, 하악지(사랑니쪽 뼈) 부위, 심지어는 엉덩이뼈에서 자가 뼈를 떼어 낸 후 이식하는 것이 가장 효과적인 방법이다. 하지만 수술 부위가 아닌 뼈를 채취해 낸 부위 때문에 통증을 호소할 수 있다.

만약 임플란트 가격이 부담된다면, 임플란트를 몇 개만 심고 틀니를 연결하는 치료법도 좋다. 임플란트 식립 개수를 줄여 그 만큼의 임플란트 비용 부담을 덜기 때문이다. 임플란트를 2~6개 정도만 식립한 뒤 틀니와 연결해도 자연 치아의 80~90% 정도의 기능을 할 수 있다고 한다.

맛을
느끼지 못한다

혀로 느끼는 맛은 맛 봉우리에 의해 이루어지는데, 미각의 기본이 되는 맛은 단맛, 쓴맛, 짠맛, 신맛의 4가지 맛으로 이를 4원미라고 한다. 우리가 음식물을 통해 느끼는 여러 가지 다양한 맛은 이 4가지 맛의 다양한 조합에 의해 느껴지는 것이다. 그런데 혀에는 이 4가지 기본 맛을 잘 느끼는 부위가 별도로 있어서 단맛은 혀의 앞쪽, 쓴맛은 혀의 뒷부분, 신맛은 혀의 옆쪽, 짠맛은 혀끝과 옆쪽에서 잘 느끼게 된다.

맛을 느끼는 경로는 미뢰(혀 위의 성곽유두, 버섯유두에 위치)에서 느껴진 화학적 성분이 전기적 신호로 바뀌어 대뇌의 맛을 관장하는 부위에서 맛의 유무 및 맛의 종류를 감지하고 그에 따라 신경 전달 물질을 분비한다. 엄밀하게 말하면 맛은 혀가 느끼는 것이 아니라 뇌가 느끼는 것이라 할 수 있다. 단지 혀는 입안에 들어온 음식에 대한 기본적인 자료를 뇌에 전달하는 역할을 수행할 뿐이다.

혀의 구조를 보면, 혀에는 실유두, 성곽유두, 버섯유두의 3가지 구조가 있다. 실유두는 좁은 불꽃 모양으로 유두의 대부분을 차지하고 혀 전체에 퍼져 있으며, 맛은 느낄 수 없지만 음식물을 섞고 연마해 주는 역할을 한다. 버섯유두는 버섯 모양에 중간 중간 모래알처럼 보이며, 혀 전반에 걸쳐 퍼져 있는데 특히 혀끝에 밀집해 있다. 이 버섯유두의 표면에 맛 봉우리가 있어서 맛을 느낄 수 있다.

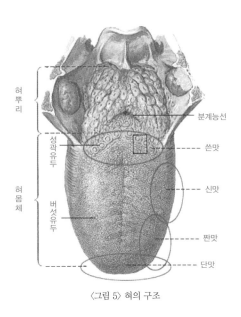

〈그림 5〉 혀의 구조

입에서 맛을 보는 미각 세포는 45세를 전후해 조금씩 줄어들고 퇴화하기 시작한다. 중년 이후에는 나이가 들수록 입맛이 없어지고 무엇을 먹어도 맛을 느끼지 못하는 경우가 생기는데, 이를 노화에 의한 미각 장애라고 한다. 미각 장애는 말 그대로 미각에 이상이 생겨 맛을 잘 모르는 상태를 말한다. 이렇게 맛을 잘 모르면, 너무 짜거나 달게 먹어 건강을 해치게 된다. 예를 들어 나이 드신 분들이 만든 음식이 젊은 사람들이 만든 것보다 조금 짜게 느껴지는 경우가 많다. 결국 미각 장애는 곧바로 심각한 문제를 일으키지는 않지만, 시간이 지나면 소금, 설탕 등을 많이 섭취해 고혈압, 당뇨 등을 만들고, 해로운 식품을 섭취할 가능성도 커진다.

미각 장애가 생기는 경우를 보면, 여성들이 폐경으로 인해 호르몬 분비에 변화가 생겨 침이 적게 나와서 미각장애가 생길 수 있다. 침은 섭취한 음식을 용해시키고 작은 분자로 만들어 혀의 미각 세포가 맛을 잘 감지하도록 돕는 역할을 한다. 따라서 침이 적어지면 음식을 먹어도 맛이 없다고 느끼거나 아예 입맛을 잃어버리는 경우도 있다. 또한 당뇨병이나 갑상선 기능 저하증, 신장 질환, 위식도 역류증, 충치, 구강 칸디다증 등의 질환에 걸려서 미각이 손상되는 경우도 많다. 그리고 미각과 연결된 후각이 나빠지면 입맛이 변하면서 맛을 잃게 되는 경우도 있다. 가끔은 흡연, 업무나 대인 관계 등으로 스트레스를 받아도 일시적으로 침의 성분이 변하면서 입맛이 써진다.

미각 장애를 줄이기 위해서는 맵거나 짠 음식을 줄여서 먹는 것이 좋은 방법이다. 지나치게 매운 맛은 미각을 느끼는 끝 부위의 돌기를 상하게 하며, 결국에는 다른 맛에 둔해지게 만든다. 특히 외식을 많이 하게 되면 아무래도 맵고 짠 그대로 먹을 수밖에 없고, 결국에는 미각을 잃을 수 있다. 그리고 양치질을 할 때 칫솔, 혀 클리너 등으로 혀에 낀 설태를 제거하면 미각이 예민해지며, 입 냄새 제거에도 효과가 뛰어나다.

후각세포가
죽어간다

후각은 냄새를 맡는 감각을 말한다. 냄새는 코로 맡을 수 있는 온
갖 기운으로, 코의 내부로 들어온 냄새는 후각상피라는 구조에서 인식
하여 뇌로 전달된 정보다. 후각상피를 자세하게 들여다보면, 길쭉한 모
양의 후각섬모가 감각털을 가지고 있어 이 감각털로 기체상태의 화학물
질을 감지한다. 후각섬모가 공기 중의 기체분자를 감지하여 감각세포로
보내면, 감각세포는 이 정보를 전기적 신호로 전환하여 후신경을 통하
여 대뇌에 전달하게 된다. 대뇌에는 후각과 미각을 담당하는 부위가 서
로 인접하고 있어 상호 협동하여 맛을 느끼게 된다. 냄새가 코로 들어오
면 코에 분포한 감각세포를 자극하여 복잡한 신호전달 체계를 거쳐 중
추신경계에 전달되어 각각의 맛과 냄새를 구별하게 된다.

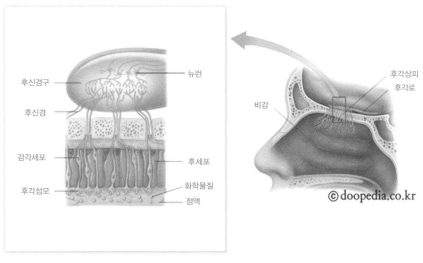

〈그림 6〉 후각 세포

후각은 30~60세 사이에 가장 정확하며, 60세 이후에 나이가 들면 냄새를 맡는 기능이 현저하게 저하되는데, 이를 후각 장애라고 한다. 후각 장애가 생기면 냄새를 맡는 것만 어려워지는 것이 아니라 맛에도 영향을 미친다. 후각과 미각이 맛을 느끼고 식욕을 증진시키는 데 중요한 역할을 하기 때문이다. 사람이 구별할 수 있는 맛은 단맛, 쓴맛, 신맛, 짠맛 네 가지이며, 다른 맛이나 다양한 음식의 향은 후각이 느낄 때도 많다. 실제로 코를 막고 음식을 먹으면 단맛, 쓴맛, 신맛, 짠맛 네 가지만 느끼게 될 뿐 무슨 음식을 먹고 있는지 구분을 못하게 되며, 감미로운 맛은 느끼지 못하게 된다. 따라서 맛을 잃을 경우 그 원인이 후각 장애인 경우가 많다.

후각에 장애가 생기면 미각을 잃게 되어 음식의 맛을 모르고 식욕을 잃어 잘 먹지도 못하게 되며, 사는 것이 재미없어지고, 특히 식도락을 즐기던 사람들에게는 인생에서 낙이 사라지는 셈이 된다. 심하면 식욕을 상실하기 때문에 영양 결핍, 혹은 특정 음식만 편식하게 되어 영양 장애가 올 수 있다. 후각 장애는 맛에만 영향을 주는 것이 아니라, 화재나 독성 가스, 상한 음식 등의 냄새도 느끼지 못하게 됨으로써 자신은 물론 타인의 건강과 생명에도 중대한 위협이 될 수 있다. 후각 장애가 오래 지속되면 다른 사람에게 냄새를 못 맡는다는 것을 보여주기 싫어서 사람을 기피하는 대인기피 현상이나 자신에게 장애가 생겼다는 좌절감에 우울증이 생겨 정신과적인 문제도 발생할 수 있다.

후각 장애는 정상인들에게도 나타나는데, 특별히 식사 후에 음식 냄새에 둔감해지고, 여성의 경우 생리 중에 후각이 감소하는 현상이 나타나기도 한다. 그러나 대부분은 나이가 먹어 감에 따라 처음에는 강한 자극의 냄새를 맡을 수는 있으나 약한 자극의 냄새는 맡지 못하는 후각 감퇴를 거치다, 점점 냄새를 전혀 맡지 못하는 상태인 무취증으로 발전하기도 한다. 또는 냄새를 맡을 수는 있으나 다른 냄새로 잘못 인식하는 경우가 생기거나 같은 냄새를 1~5분 정도 맡고 있으면 둔해져 냄새가 나도 냄새를 느끼지 못하는 경우 후각 장애를 의심해 봐야 한다.

후각 장애의 원인은 노화에 의해 후각 세포가 소멸되어서 나타나기도 하지만 코가 막히거나 감기를 앓고 난 후 후각 세포의 손실에 의한 후각 장애, 두부 손상에 의한 후각 신경 손상, 호르몬 이상, 흡연이나 장기간 독성 물질에 노출될 경우 나타나기도 한다. 따라서 후각 장애를 예방하려면 감기에 걸리지 않도록 해야 하며, 독한 냄새를 자주 맡지 않도록 후각 세포를 관리해 주어야 한다.

후각 장애를 치료하는 방법은 흡연으로 인한 경우는 금연으로 가능하며, 특정 약물이 원인일 경우에는 그 약물 복용을 중단함으로써 회복이 가능하고, 특히 항히스타민 제제가 도움이 되기도 한다. 후각 장애는 원인에 따라서 치료가 가능하기도 하고, 불가능하기도 하기 때문에 냄새를 못 맡게 된 원인을 정확히 알아야 한다. 예를 들면 시작은 언제부터인지, 어떤 상황에서 증상을 느끼는지, 원인은 무엇으로부터 시작했는지, 알레르기가 있는지 없는지, 어느 계절에 증상이 더 심한지 등을 잘 기록하였다가 이비인후과 전문의에게 알려 주면 진단에 많은 도움이 된다.

뼈에
바람이 든다

뼈는 사람의 골격을 구성하는 중요한 신체의 장기이다. 뼈는 청소년기를 거쳐 초기 성년기에 일생 중 가장 튼튼한 뼈를 형성하게 되는데, 이때 뼈 안에는 칼슘 성분으로 된 골이라는 내용물이 가득 차게 된다. 골 안에 내용물이 가장 많을 때를 '최대 골량'이라고 하는데, 나이가 들수록 뼈 안의 골이 점차 빠져나가게 된다.

골다공증은 뼈의 노화에 따라 뼈에서 칼슘이 심하게 빠져나가 마치 바람 든 무처럼 뼈에 구멍이 숭숭 뚫리는 현상으로, 골조송증(骨粗鬆症)이라고도 한다. 주로 갱년기 이후 호르몬의 불균형 상태가 나타나면 뼈에 영양분을 충분히 공급할 수 없으므로 근육과 뼈의 활동이 정상적으로 이뤄지지 않아 뼈에 노화가 시작하게 된다. 뼈의 노화는 누구에게나 생기는 것이지만, 연령에 비해 빨리, 그리고 심하게 생긴 경우를 골다공증이라 하고 이 경우 치료 대상이 된다. 퇴행화가 진행되면 뼈와 근육, 연조직 등이 모두 노화해 연약해지고 허약해지기 때문에 염증이 발생하기 쉬워진다.

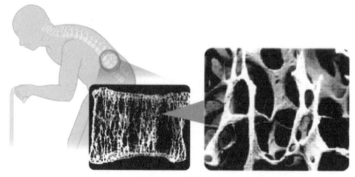

〈그림 7〉 골다공증

골다공증은 자체로는 증상이 나타나지 않으나 뼈가 무르고 쉽게 부러지는 결과를 가져온다. 따라서 골다공증에 걸리면 조금만 무리해서 일을 하거나, 오래 걷거나 서 있으면 뼈와 근육, 관절들이 시큰거리고 아픈 만성 통증이 나타나기 쉽다. 종종 겨울에 빙판길에 넘어졌는데 단순한 부상으로 그치지 않고 뼈가 부러지는 것은 골다공증 때문이다. 그래서 겨울이면 병원마다 골다공증으로 인하여 노인 골절 환자들이 급증한다.

골다공증에 걸리게 되면, 노인 초기에는 넘어지면서 반사 신경으로 팔이 먼저 나감으로 손목 골절이 잘 생기고, 조금 더 나이 드신 분들은 팔이 나갈 수가 없어 어깨 관절의 상완골두가 잘 부러진다. 나이가 많이 들수록 아예 주저앉게 되면 고관절 부위의 골절이 생기거나 척추의 압박 골절이 생기기도 한다.

골다공증에 의한 골절은 뼈가 매우 약한 상태에서 발생하므로 수술을 해도 쉽게 뼈가 붙지 못하는 난치성 상태가 되기 쉽다. 이러한 골절로 인해 침상에 오랫동안 누워 있게 되면 폐렴이나 욕창, 패혈증 등의 생명을 위협하는 질병으로 발전될 위험성이 증가한다. 노령인 경우에는 골다공증에 의한 골절로 한 번 눕게 되면, 최악의 경우 사망에 이르기도 한다.

골다공증은 호르몬 질환 등 여러 질환의 증세로도 생기지만, 보통은 뼈의 노화 현상으로 생긴다. 특히 대부분의 여성들은 50대 초에 폐경을 겪고 나면 호르몬의 변화로 인해 뼈가 약해져 조그마한 충격에도 뼈가 부서지는 골절이 잘 생기게 된다. 그러나 골질의 감소는 당류 부신

피질호르몬의 과용, 만성 간질환, 알코올 중독, 헤파린 투여 후에도 나타난다. 골다공증은 흑인보다 백인들에게 더 많이 발생하는데, 이는 흑인의 골의 총량이 더 많기 때문이다. 남녀의 비는 1:2로 여성에게서 많이 나타난다. 나이로 보면 여성에게는 45세 이후의 여성 중 폐경기 이후에 급속하게 증가하고, 남성은 50~60대 이후에 발생한다. 그러나 드물게 청소년이나 40세 이하의 젊은 사람에게 발생하는 경우도 있다.

골다공증은 전체 뼈에서 나타나기도 하지만 어떤 경우에는 팔과 다리뼈에 국한되어 나타나기도 한다.

낙상환자를 조사해보면 손목 골절이 가장 많고, 이어서 척추 압박 골절, 엉덩이뼈 골절 순으로 나타난다. 이는 넘어지면서 반사적으로 손을 가장 먼저 바닥에 대어 손목 부위의 큰 뼈인 요골이 부서지기 때문이다. 손목 골절은 뼈가 어긋난 정도, 관절면의 부서진 정도 등에 따라 수술 여부를 결정하는데, 대개의 경우 어긋난 뼈를 바로 맞추는 도수정복술과 이후에는 6~8주간 깁스 고정이 필요하다.

골다공증을 예방하는 결정적인 방법은 없지만, 칼슘제, 비타민 D, 에스트로겐 같은 호르몬 등 뼈를 강화하는 약물을 투여하는 것이 좋다. 그리고 평소에 꾸준한 운동과 바른 식습관으로 뼈가 약해지는 것을 막아야 한다. 골다공증에 걸렸을 경우, 골절을 예방하는 방법은 무엇보다 다치지 않는 것이다. 특히 빙판길에서는 아무래도 넘어지지 않도록 주의해야 한다.

ANTI-AGING

노화의 기준은 과거에는 주로 생물학적인 부분을 이야기하여 나이만 많으면 늙었다고
하였다. 그러나 요즘은 나이는 먹었지만 같은 나이에 비해 젊어 보인다고 하거나 나이
는 젊은데 나이보다 늙어 보인다고 하는 것을 보면, 노화를 무조건 생물학적 변화로만
은 설명할 수 없다.

노인 문제란 급속한 사회 변동으로 일어난 사회 문제 중 노인에 관련된 문제를 말한다. 사회 문제의 하나로서 노인 문제란 그 대상이 노인이며, 다수의 노인이 불편을 느끼고 불안감을 느끼는 상황이라고 볼 수 있다. 또한 문제를 느끼고 있는 노인들이 상황이 개선되기를 원하는 상태라고 정의할 수 있다. 노인 문제의 일반적인 전제는 어떤 현상이 다수의 노인에게 공통적인 것이어야 하고, 개인이나 가족의 노력만으로는 해결이 어려운 것이어야 한다. 그러므로 노인 문제라고 하면, 한 개인의 문제(예를 들면 성격 문제 등)는 포함되지 않는 것으로 보아야 할 것이다.

현재 우리나라는 다른 나라에 비해 급격히 고령화가 진행되고 있다. 이렇게 늘어나는 비중만큼이나 노인 문제의 발생도도 높아지고 있다. 만약 이러한 노인 문제를 해결하지 않고 방치한다면, 더 큰 사회 문제가 될 가능성이 높다. 하지만 노인 문제 해결의 중요성을 인식하고 늘어나는 노인 인구를 생산적인 방향으로 이끌어간다면, 사회적으로 큰 이익을 창출할 수 있을 것이다.

CHAPTER 3

노화로 인한

문제

암 사망률
증가

통계청의 사망자·사망 원인을 10년 단위로 분석해서 순위를 매겨 보면 다음과 같다. 평균 수명이 71.3세였던 1990년에는 가장 사망 순위가 높은 원인은 암이었고, 이후 뇌혈관 질환, 심장 질환, 운수 사고, 간 질환, 폐렴, 자살 순이었다. 그러나 평균 수명이 74.3세였던 2000년에는 암이 가장 높았고, 이후로 뇌혈관 질환, 심장 질환, 당뇨병, 간 질환, 자살, 폐렴 순이었다. 평균 수명이 80.2세였던 2010년에는 암이 가장 높았고, 이후로 심장 질환, 뇌혈관 질환, 자살, 간 질환, 폐렴, 당뇨병, 폐렴 순이었다. 이러한 추세로 수명과 함께 사망 순위를 예측해보면, 평균 수명이 90세에 가까운 2030년에는 암이 가장 높고, 이후로 심장 질환, 폐렴, 자살, 뇌혈관 질환, 간 질환, 당뇨병 순으로 나타날 것으로 전망된다.

순위	전체			
	1990	2000	2010	2030
1	암	암	암	암
2	뇌혈관 질환	뇌혈관 질환	심장 질환	심장 질환
3	심장 질환	심장 질환	뇌혈관 질환	폐렴
4	운수사고	당뇨병	자살	자살
5	간 질환	간 질환	간 질환	뇌혈관 질환
6	폐렴	자살	폐렴	간 질환
7	자살	폐렴	당뇨병	당뇨병

출처 : 통계청

지금까지의 결과를 분석해 보면 예나 앞으로나 사망 순위 1위는 암이라는 것을 알 수 있으며, 수명이 증가함에 따라 심장에 관련된 병들이 증가하고 있는 것을 알 수 있다. 이와 함께 뇌혈관 질환과 심장 질환이 늘어난다. 그러나 똑같은 질병이라도 그 병에 따른 사망 연령은 평균 수명의 증가에 따라 예전보다 5~10년 정도 올라가는 경우가 많았다. 주목할 것은 점차 자살이 차지하는 비중이 높아진다는 것이다. 수명 연장과 함께 다른 질병적인 요소들은 치료가 가능하지만 자살은 기술의 발전과는 상관이 없어 큰 변화를 보이지 않을뿐더러 더욱 늘고 있다는 것은 그만큼 노인으로 살아가는 것이 힘들다는 것을 의미한다. 암에 의한 사망이 계속 1등인 이유는 의료 기술의 발달에 따라 웬만한 병들은 치료가 가능해지나 앞으로도 암에 대한 정복은 그리 쉽지 않다는 것을 의미하기도 한다. 사망률이 가장 높은 암(cancer)은 사전적 의미로 '게'라는 뜻인데, 주위로 퍼져나가는 몸통을 가진 암 조직을 게 다리에 비유하면서 사용되었다. 한국인의 암 발생은 평균 남자는 3명에 1명, 여자는 4명에 1명에게서 발병된다고 한다. 보건복지부의 발표에 의하면 가장 많이 발생한 암은 위암이며, 그 다음이 폐암, 대장암, 간암, 갑상샘암, 유방암, 자궁암 순이다. 남성은 위암과 폐암이 많고, 여성은 갑상샘암, 유방암, 위암이 많다. 암은 젊은 사람보다는 50대 이후에 발생이 높고, 나이가 들수록 발생률이 더 높다.

발병 원인은 아직도 정확하게 규명되어 있지 않다. 그리고 왜 정상적인 세포가 암세포로 변하는지, 또 늙고 죽는 정상세포와는 달리 암세포가 끊임없이 분열·성장을 계속하는 원인을 밝히기 위해 많은 과학자들이 노력하고 있으나 아직까지는 정확한 원인을 밝히지 못하고 있다. 하지만 발암 요인과 암 발생 간의 인과 관계에 근거하여 위험 요인들을 밝혀내고 있다. 세계보건기구의 산하기구인 국제암연구소(IARC) 및 미국 국립암협회지에서 밝힌 암의 원인은 아래와 같다.

〈표 6〉 암의 원인

원 인	국제암연구소	미국 국립암협회지
흡연	15 ~ 30%	30%
만성 감염	10 ~ 25%	10%

음식	30%	35%
직업	5%	4%
유전	5%	–
생식요인 및 호르몬	5%	7%
음주	3%	3%
환경오염	3%	2%
방사선	3%	3%

표를 보면 암의 가장 큰 원인은 음식으로 나타났으며, 다음으로는 흡연과 만성 간염, 생식 요인 및 호르몬도 중요한 영향을 주는 것으로 나타났다. 따라서 살면서 음식을 먹을 때 암에 걸리지 않도록 해야 하며, 암을 유발하는 환경에 노출되지 않는 것이 좋은 예방법이라 할 수 있다.

암을 치료하기 위해서는 암을 조기에 발견하는 것이 가장 중요하기 때문에 정기적으로 종합 검진을 실시하고, 또 자신도 암에 걸릴 수 있다는 사실을 항상 염두에 두고 암에 걸리지 않도록 주의해야 한다. 암의 치료는 암으로 인한 구조적·기능적 손상을 회복시킴으로써 환자를 치유하는 것과 만일 치유가 불가능한 경우 더 이상의 진행을 막고 증상을 완화시킴으로써 수명을 연장하고 삶의 질을 높이는 방법이 있다.

암을 치료하는 방법은 크게 수술요법, 항암화학요법, 방사선치료 세 가지로 구분이 된다. 이외에 국소치료법, 호르몬요법, 광역학치료법, 레이저치료법 등이 있으며, 최근에는 면역요법, 유전자요법까지 포함시키기도 한다. 일부에서는 대체 요법으로 효과를 보는 사람들도 있는데, 이는 아직 임상적으로 증명된 것이 아니므로 함부로 해서는 안 된다.

당뇨병

당뇨병은 현대인에게 많이 발생되는 만성 질환으로, 우리나라에서는 1980년대부터 갑자기 증가하여 우리나라의 당뇨병 환자는 전체 인구의 약 5% 정도로 최소한 250만 명으로 추정되고 있다. 선진국의 경우에 당뇨병 환자가 전체 인구의 10%까지 보고되고 있으므로, 우리나라도 생활수준의 향상과 더불어 생활양식이 서구화되면서 점차 당뇨병 환자가 증가될 것으로 보인다. 특히 노인 인구의 급증으로 노인 당뇨병에 대한 관심이 높아지고 있는데, 65세 이상 노인의 약 10%에서 당뇨병이 발견된다. 당뇨병은 생활수준이 향상됨에 따라 발병률이 높아 문화병으로 취급되고 있으나 식생활의 변화에 따라 소아 당뇨 환자도 증가하고 있는 추세이다.

당뇨병이란 소변을 볼 때 소변에 당이 나오는 병을 말한다. 사람은 누구나 혈액 속에 적정 농도의 포도당이 저장되어 있다가 에너지와 영양으로 쓰이게 되는데, 혈액 속에 포도당이 적정 농도를 초과하면 그 이상의 포도당은 소변으로 배출되는데 이로 인해서 당뇨병이 발생한다. 사람에게 있어 포도당은 뇌의 영양원으로, 뇌의 활동에 활력을 주는 역할을 하는 데 꼭 필요한 영양소이다. 포도당은 우리가 먹는 음식물 중에서 밥, 떡, 밀가루 음식, 빵, 면 종류, 감자 등에 들어 있는 탄수화물이 위장에서 소화되어 만들어진다. 이렇게 탄수화물이 포도당으로 바뀌면 혈액 중에 흡수·저장되어 있다가 인슐린의 작용으로 조직 세포 속으로 들어가 영양분으로 쓰이게 된다.

당뇨병의 정확한 원인은 아직 정확하게 규명되고 있지 않고 있다. 유전적인 원인과 환경적인 원인으로 인슐린 호르몬의 양이 부족해지면 혈액 속에 있던 포도당이 세포 내로 들어가지 못하고 혈액 속에 쌓여 있다가 일정 농도 이상 쌓이게 되면 소변으로 배출된다. 지금까지 나온 연구 결과들을 종합해 보면, 당뇨를 일으키는 요인에는 비만, 과식, 운동 부족, 스트레스, 호르몬 분비 이상, 감염증과 약물 복용 등이 있다.

당뇨병에 걸리면 항상 피곤하며, 몸이 약해지고, 피부가 건조하거나 가려움증이 생긴다. 그리고 손과 발의 감각이 둔해지거나 따끔따끔한 증상이 나타나며, 감염이 자주 일어나고, 상처가 잘 낫지 않는다. 이외에도 시력 저하나 성기능 저하와 함께 소변량이 증가하고, 그만큼 갈증도 증가한다. 뿐만 아니라 당뇨병 환자는 아무리 많은 양의 식사를 해도 충분한 영양을 얻을 수가 없고, 체중이 감소하거나 쉽게 허기가 지는 등 비정상적인 상태에 놓이게 된다.

당뇨병이 심각한 이유는 당뇨병 자체에서 오는 증상보다 합병증이 문제가 되기 때문이다. 당뇨병에 걸리면 쉽게 찾아오는 합병증에는 다음과 같은 것들이 있다.

▶ 눈 합병증

당뇨병에 걸리면 눈에 망막증과 백내장이 찾아오기 쉽다. 망막증이란 눈의 가장 안쪽의 망막 혈관이 취약해져 출혈하거나 일부분이 부풀어 작은 혈관 혹이 생기는 현상을 말한다. 백내장이란 수정체의 단백질이 변성되어 희게 흐려져 빛이 눈 속에 들어가지 않는 현상이다. 망막증과 백내장이 심해지면 결국에는 실명하게 된다.

▶ 신장 합병증

당뇨병에 걸려서 혈당의 컨트롤이 불량한 상태가 오래 지속되면, 지방을 함유한 당단백질이 모세 혈관의 벽에 끼고 혈관 벽이 두꺼워지면서 혈관의 경화증이 일어난다.

▶ 심근경색증

심장은 1분간 70회 정도 심장 근육이 수축하여 혈액을 내보내는 엄청난 일을 하고 있다. 따라서 이런 근육이 끊임없이 움직이려면 언제나 충분한 영양분과 그런 영양분이 연소하는 데 필요한 산소가 공급되어야 하는데, 당뇨병에 걸리면 혈관에 당이 많아져 지방이 쌓이기 쉬우며, 이로 인해 혈관이 약해져 영양분과 산소가 제대로 운반되지 않는 심근경색이 나타난다.

▶ 고혈압

주로 비만한 중년들이 당뇨병에 쉽게 걸리는데, 비만하면 영양소를 지방으로 저장하여 혈액 중의 인슐린이 증가하기 때문이다. 인슐린에는 신장으로부터의 나트륨 배설을 억제하는 효과가 있으므로, 식염을 많이 섭취했을 때와 똑같이 혈압이 높아지는 고혈압이 생긴다.

▶신경병증

신경에는 손발을 움직이는 운동 신경과 아픔이나 뜨거움, 차가움 등의 감각을 전해주는 지각 신경, 심장이나 위장 등의 움직임을 조절하는 자율 신경의 3가지가 있다. 당뇨병에 걸리면 이런 세 가지 신경 모두가 장해를 일으키는데, 가장 큰 영향을 받는 것은 지각 신경이다. 지각 신경에 변화가 생기면 신경통이 일어나거나 가렵거나 지각이 둔해지는 경우도 있다.

▶발 병변

당뇨병에 걸리면 혈관이 가늘어져 발에 충분한 영양이 공급되지 않기 때문에 점차로 색깔이 바뀌어 종기가 나든지 발가락이 썩든지 한다.

당뇨병의 치료는 거의 불가능한 것으로 알려져 예방이 가장 좋은 방법이라 할 수 있다. 당뇨병을 예방하기 위해서는 비만이 가장 위험하기 때문에 항상 표준 체중을 유지하도록 노력해야 한다. 표준 체중을 유지하려면 적절한 운동을 생활화해야 한다. 적절한 운동은 당뇨병뿐만 아니라 심혈관계의 합병증을 예방하는 데에도 좋다. 또한 지나친 열량 섭취를 막도록 음식을 조절하고, 균형 있는 식생활을 하는 것이 좋다. 특히 포화 지방의 섭취를 줄이고, 섬유질의 섭취를 늘리는 것이 좋다. 그리고 지나친 정신적 스트레스를 받을 일을 만들지 말아야 하며, 육체적으로 과로하지 않도록 해야 한다. 그리고 술과 담배는 피하는 것이 좋다.

지적능력
저하

지능은 개인이 문제에 대해 합리적으로 사고하고 해결하는 인지적인 능력과 학습 능력을 포함하는 총체적인 능력을 말한다. 지능은 공부할 때만 필요한 것이 아니라 인간이 세상을 살아가는 데 아주 중요한 능력이다. 지능이 없으면 어떤 일이든 어떻게 해결해야 하는지를 모르게된다. 예를 들어 지능이 없다는 것은 밥을 어떻게 먹어야 하는지, 요리를 어떻게 해야 하는지를 모르는 것과 같아서 세상을 살아가는 방법을몰라 생존에 영향을 받게 된다. 동물들과 마찬가지로 지능이 떨어지면세상을 살아가는 데 유용한 것들을 사용하기 어려운 것이 많아 생활이불편해지고, 심한 경우에는 세상을 살아가는 데 어려움을 겪게 된다.

일반적으로 지능은 24세에 최고치에 이르고, 노년기가 되면 지적능력이 떨어지는 현상이 나타난다. 클리마이어(1962)는 13명의 남자 노인을 대상으로 12년에 걸쳐 그들의 지적 능력의 변화 과정을 검사했는데, 지적 능력이 갑작스럽게 감퇴한 노인들이 능력 감퇴가 적은 노인들에 비해 더 일찍 사망하는 것을 발견하였다. 곧 인지 능력의 급강하 현상은 그의 사망이 멀지 않았음을 말해 준다. 따라서 노인들의 지능 수준은 결국 자신의 수명의 한계를 예언해 주는 지표가 될 수 있다. 처음에는 나이가 들수록 지능은 가차 없이 퇴화해 간다는 감퇴설이 지배적이었으나 점차 지능의 종류에 따라 감퇴의 정도가 다르다는 연구 결과가 발표되고 있다.

웩슬러의 지능 검사는 결정성 지능을 반영하는 언어성 검사와 유동성 지능을 반영하는 동작성 검사로 나누어 볼 수 있다. 결정성 지능은 비교·구분하고 논리적으로 추론하는 능력과 어휘력을 말한다. 이 능력은 회상이나 기억보다는 사색과 인식 능력에 따라 좌우되며, 60세까지 꾸준히 발전된다. 경우에 따라서는 80세에 이른 사람이 30세와 똑같은 능력을 지닐 수도 있다. 특히 어휘력은 70세까지 안정적이거나 증가하였다. 유동성 지능은 반응 속도나 기억력, 숫자 감각, 정확성 등을 말하는데, 수학을 이해하는 데 중요한 역할을 한다. 이러한 능력은 20~30세 사이에 절정을 이루며, 70세 이후 급격히 떨어진다. 특히 블록 짜기와 그림 차례 맞추기 능력은 일찍부터 저하되기 시작했다.

문제 해결이란 갈등 상황에서 해결책을 찾아내는 복잡한 과정을 일컫는다. 만약 길을 가다 차가 다가오면 그 원인이 무엇인지에 대해 알아보고, 가능한 해결책을 찾는 모든 과정이 다 문제 해결이다. 문제 해결 능력은 기억력과 매우 유사한 양상을 보인다. 즉 문제 해결 능력은 문제의 종류에 따라 차이는 있지만, 연령이 증가하면서 감소한다. 상식적인 문제를 해결할 때는 연령에 따른 차이가 없었고, 이해력은 50~60세까지는 차이가 없다가 그 후 약간 감소하였다. 공통성 문제에서는 연령이 증가하면서 약간 감소하였고, 산수 문제에서는 50세까지는 비교적 안정적이다가 그 후 약간 감소하였다.

노인이 되면 조심성이 증가하여 추측하는 것을 싫어한다. 그래서 답을 잘 모를 때에는 아예 답을 하지 않는다. 젊은이들은 틀리는 한이 있더라도 추측해서 답을 한다. 그리고 노인들은 속도보다는 정확성을 중요시하며, 위험을 잘 감수하지 않는다. 이것은 일상생활에서도 나타나는데, 노인들은 궂은 날씨에 운전하기를 싫어하고, 새로운 것에 도전하지 않으며, 특히 새로운 음식을 싫어한다. 이러한 행동은 기능적일 수도 있다. 왜냐하면 노인들은 자신의 감각기제와 운동기제가 더 이상 효율적이지 않음을 깨닫고, 돈을 한 번 더 잃으면 다시 만회하기가 쉽지 않으며, 인생에서 실수가 초래하는 결과가 엄청나다는 것을 알기 때문이다. 따라서 조심성은 노화 과정에서 볼 수 있는 합리적인 반응일 수 있다. 노인들은 조심성으로 인해 융통성이 없는 것으로 보이는데, 이는 노인들이 익숙한 방법으로 일을 처리하는 것이 더 안전하다고 느끼기 때문이다.

지금까지의 결과를 보면, 지능을 감퇴시키는 요인을 꼭 나이 하나로만 보아서는 설명되지 않는 부분이 있다. 이는 나이만이 아니라 생활 방식이나 섭취하는 음식물의 차이에서도 일부 영향을 미치는 것으로 나타나고 있다.

실제로 평소에 독서를 하거나 생각이 많았던 노인들은 그렇지 않은 노인들에 비해 지능 감퇴가 적었으며, 치매로 전이되는 경우도 적었다. 또한 비타민 영양제에 흔히 포함되어 있는 엽산을 많이 섭취하는 노인의 경우, 지능이 감퇴될 수 있다는 연구 결과가 발표된 반면에, 비타민 B12를 섭취하였던 노인들의 경우에는 나이가 제일 많았던 노인들만 지능 감퇴의 진행 속도가 늦어진다는 사실이 발견되기도 하였다.

치매

치매란 노년기에 나타나는 정신 장애의 일종으로, 뇌가 기능 장애를 일으켜 기억력과 판단 및 사고력 등의 장애로 일상생활의 지장을 초래하게 되는 것을 말한다. 치매는 라틴어인 'dementatus'에서 유래됐는데, 원래의 뜻은 'out of mind', 즉 '제정신이 아님'을 의미하며 다른 말로는 노망이라고도 한다. 흔히 치매를 노환의 일환으로 생각하는 경향이 있으나 치매는 모든 노인에게 찾아오는 노화가 아니라 엄연한 '질병'이다. 치매의 원인은 매우 다양하여 약 70여 가지에 이르는데, 이중에서 중요한 몇 가지를 보면 다음과 같다.

▶퇴행성 질환

정상적으로 활동하던 세포가 점차 소실되어 생기는 질환으로, 알츠하이머병이 대표적이며, 픽병, 파킨슨병, 진행성 핵상마비, 미만성 루이소체병 등이 있다.

▸뇌혈관 질환

뇌세포는 혈액으로부터 공급되는 산소와 영양분으로 기능을 유지하는데, 뇌혈관이 터지거나 막히면 산소와 영양분의 공급이 차단되어 뇌세포가 손상된다. 이와 같은 뇌혈관 질환이 누적되어 일으키는 치매를 혈관성 치매라고 한다.

▸대사성 질환

대사성 질환에는 저산소증(심장마비, 연탄가스 중독), 저혈당, 요독증, 갑상선 기능 저하증, 간성 뇌병증(간염, 간경화증에 동반되는 치매) 등이 있다.

▸결핍성 질환

뇌세포 활동에 중요한 역할을 하는 비타민의 부족은 치매 발생의 원인이 되는데, 비타민 B12 결핍증, 티아민(B1) 결핍증으로 인한 치매를 들 수 있다.

▸중독성 질환

알코올성 치매가 대표적이다. 술 자체가 뇌 세포를 파괴하기도 하고, 술을 많이 마시는 사람들은 비타민 결핍증이 오기 쉬운데, 이로 인해 치매가 오기도 하며, 그밖에도 중금속 중독, 일산화탄소 중독, 약물 중독 등으로 치매가 올 수 있다.

▸뇌종양

악성 뇌종양이 급속하게 커지거나 양성 종양이 서서히 진행하면서 치매를 일으킬 수 있다.

▶뇌 외상

뇌가 외부의 충격을 받게 되면 뇌세포가 손상되는데, 뇌 손상이 심하면 치매가 발생할 수 있다.

▶감염성 질환

신경매독, 만성 수막염(결핵성 수막염, 진균성 수막염), 뇌염의 후유증, 광우병, 에이즈 감염 후에도 치매가 올 수 있다.

치매는 주로 노년기에 많이 발병하는데, 현재 심장병, 암, 뇌졸중에 이어 4대 주요 사안으로 65세 이상의 연령에서 치매의 발병률은 약 5~7%이고, 80세 이상에서는 약 20%에 이르고 있는데, 노인인구의 급속한 증가로 노인성 치매의 수는 크게 증가하고 있다.

치매는 대체로 노년기에 나타나지만, 경우에 따라서는 보다 젊은 나이에 발생할 수도 있다. 발생 연령에 따라 구분할 경우, 50세 이후 65세 이전에 나타나는 초로기 치매와 65세 이후에 나타나는 노년기 치매로 구분된다.

치매는 신경 정신계의 질환으로, 나이가 들어감에 따라서 뇌세포가 탈락되고 뇌 위축이 진행되어 결과적으로 뇌의 기능이 쇠퇴되어 간다. 이런 인간의 노화 과정에는 지능감퇴현상이 수반되나 이는 20대부터 서서히 시작되어 60대가 되면 가속화된다. 따라서 치매를 질환이 아닌 노환으로 생각해 치료를 하지 않고 방치하는 경우가 많아 질환을 키우고 있다.

상당수의 사람들이 치매와 건망증을 구분하지 못해 치매의 조기 치료가 이뤄지지 못하고 있는데, 치매는 단순 건망증과는 다르고 나이가 들면서 생기는 정상적인 노화 현상과도 구별해야 할 병적인 현상이다. 우선 건망증은 나이가 들면서 기억력이 떨어져 생기는 것으로, '어떤 사실'에 대해서는 기억하지만 저장된 기억을 불러들이는 과정에 장애가 생겨 발생한다. 그러나 차근차근 곰곰이 되짚어보면 잊었던 사실을 기억해내는 경우가 많다. 그러나 치매는 '어떤 사실' 자체도 기억하지 못한다. 기억을 잊어버리게 되는 것이다. 문제는 치매는 건망증이라고 하는 기억 장애가 전체 치매에서 가장 큰 부분을 차지하는 알츠하이머병의 주요 초기 증상이라는 것이다.

치매에 걸리면 자주 물건을 잃어버리고 기억력이 떨어지며, 심하면 시간과 장소에 대한 감각이 없어져 길을 잃거나 헤매게 된다. 그리고 같은 말이나 행동을 되풀이 하며, 결정을 잘 내리지 못하거나 판단력이 흐려진다. 그래서 읽기, 쓰기, 숫자 계산을 잘 못하게 되어 돈을 보관하거나 돈을 지불하는 데 문제가 있다. 외형적으로는 대소변 실금 증상이 생기며, 배변을 가지고 놀기도 한다. 또한 아이들처럼 기분과 행동이 순간적으로 변한다.

최근 많은 치매 노인들 때문에 자녀들의 고생이 이루 말할 수 없다. 부모가 치매에 걸리면 치매를 앓는 부모 간호에 많은 시간을 소모하며 고통을 받고 있다. 증상이 심해 다른 일은 완전히 접고 간병만 해야 할 정도로 손이 많이 가는 경우, 가족들 간의 갈등도 발생한다. 계속 모시면서 간병을 해야 하는지 아니면 노인 요양원으로 보내야할 지에 대한 결정으로 부부 간의 갈등으로 번지는 경우가 많다. 그래서 부모의 치매 앞에는 효자도 돌아눕는다고 한다.

치매의 일반적인 예방법은 원인별로 다르지만, 일반적으로 규칙적인 운동, 금연, 절주, 사회생활 유지, 두뇌 활동을 활발하게 해 뇌에 자극을 주는 것 등이 있다. 이외에도 우유나 생선, 과일, 채소와 같은 뇌에 좋은 건강 식사를 하는 것이 치매를 예방하는 데 좋다. 혈관성 치매의 경우, 뇌졸중의 원인인 혈압, 당뇨, 고지혈증, 비만 등을 미리 조절하고 예방하는 것이 치매를 예방하는 데 효과적이다.

알츠하이머 치매를 치료할 때는 신경 전달 물질인 아세틸콜린의 농도를 높게 유지시켜주는 약을 처방하고 있다. 다른 치료 방법에는 뚜렷하게 효과를 나타내는 것이 없다. 그러나 불치병으로 여겨졌던 치매 극복에도 서광이 비치고 있다. 화이자, 릴리 등 다국적 제약회사를 중심으로 세계 각국에서 현재 20여 종의 치매 백신이 임상 시험 단계에 들어가 있다. 전문가들은 2~3년 후면 주사로 치매를 예방하고 고치는 백신이 등장하면서 치매 정복 성공 여부가 판가름 날 것으로 보고 있다.

치매 노인은 숨겨진 환자라고 지칭될 만큼 부양 부담이 매우 크다. 치매 노인을 부양하기 위해서는 다른 일을 포기하고 오직 전적으로 매달려야 하기 때문에 부양자들이 개인 시간의 부족과 피로 누적으로 인한 고통을 호소한다. 이러다 보니 부양자는 끝없는 인내심을 가져야 하기에 정신적으로 문제가 생기기도 하고, 여기에 경제적 한계까지 닥치게 되면 치매 노인을 버리기도 하고 폭력으로 해소하기도 하며 심지어 살해하기까지 하는 일이 벌어지기도 한다. 따라서 효자도 부모가 치매에 걸리면 오래가지 못한다고 한다. 따라서 이런 부양 부담을 줄여주기 위해 다음과 같이 치매 간병을 도와주는 제도가 다양하게 시행되고 있다.

▶치매 전문 병원

치매 전문 병원은 치매 노인의 치료를 목적으로 하는 시설물로, 현재는 14개 병원 2,000여 개의 병상으로 늘어났으나 여전히 수요에는 미치지 못하는 실정이다. 치매 전문 병원이 혐오시설로 인식되어 설립도 어려우며, 이들마저도 일부 지역에 편향되어 설치되어 있어 접근성이 떨어지는 경우가 많다. 그러나 더 큰 문제는 치매는 장기 치료가 필수적이기 때문에 경제적 부담이 증가하여 이용하고 싶어도 마음대로 이용하지 못한다는 것이다.

▶치매 전문 요양시설

치매 전문 요양시설은 치료가 아닌 요양에 목적을 두고 설치된 시설로, 말 그대로 간병만 해주는 곳이라 할 수 있다. 현재 치매 전문 요양시설도 턱 없이 부족해서 치매 노인 중 1.53%만이 치매 전문 요양시설에 입소할 수 있는 실정이다.

▶주간 보호 사업

맞벌이 부부 및 보호 가정의 질병 및 출장 등으로 일시적으로 노인을 맡길 때 이용하는 것이 주간 보호 사업이다. 보호 기간은 평일 7:30~19:30, 토요일은 7:30~15:30이지만, 이용 노인과 가정의 형편에 따라 신축성 있게 운영하도록 되어 있다. 주간 보호 사업에서 제공하는 서비스는 건강 지원 서비스, 치매 대응 서비스, 기능 회복 서비스(물리·운동·작업 치료 등 신체 기능 회복 프로그램), 여가 지원 서비스 등을 하고 있으며 응급 상황 관리, 청결 위생 관리, 건강 체크시스템 등을 제공하고 있다.

서울의 경우 비용은 약 200만 원이지만, 본인부담은 15%로 30만 원 정도를 내면 이용할 수 있으며, 한 데이케어 센터 당 15~20명 정도 수용하고 있다. 치매 가족이 다른 치매 가족을 만날 경우 자신들이 필요로 하는 자원과 정보를 상호 교환할 수 있는 이점이 있으며, 서로의 감정을 털어놓아 정서적 안정을 가져오는 효과도 있다.

▶단기 보호 사업

단기 보호 사업은 치매 노인이 부득이한 사유로 가족의 보호를 받을 수 없는 경우, 치매 노인을 단기간 입소시켜 보호하고 서비스를 제공하는 사업이다. 그러나 단기 보호 사업 기관은 전국에 2곳에서만 실시되고 있고, 치매 노인을 전문으로 하는 기관은 한 곳도 없으며, 일부를 수용하고 있는 실정이다.

▶재가 노인 보호

재가 노인 복지사업은 정신적·신체적인 이유로 혼자서 일상생활을 수행하기 곤란한 노인 및 그 가정에 대하여 필요한 각종 서비스를 제공하는 제도를 말한다. 이는 노인이 안정된 생활을 영위하도록 하고 가족의 수발부담을 덜어주기 위한 제도로, 가족과 함께 생활하는 노인의 경우 실비 또는 유료로 서비스를 이용한다. 그러나 65세 이상 기초 생활 수급자와 저소득층 노인을 대상으로는 지자체에서 무료로 제공하는 곳도 많다. 재가 노인 지원 서비스는 요양 보호사가 직접 가정을 방문해 세면 보조, 구강 관리, 몸 청결, 머리 감기기, 목욕 및 식사 보조 등 신체활동 및 일상생활 지원 등을 제공하게 된다.

▸치매의 건강 보험 적용

치매에 대한 건강 보험 적용은 장기간 입원 환자의 경우 일정 기간 이상이 경과하여 의사의 치료 행위가 거의 없이 요양 형태로 입원함에 따라 90일 이상 입원 시 입원료 중 약 40%에 해당하는 금액만큼을 진료 내역에 따라 사례별로 삭감하고 있다. 그 외 60%의 입원료는 90일이 지나더라도 건강 보험이 적용되며, 기타 필요한 시술을 한 경우에도 가감 없이 그대로 건강 보험이 적용된다.

성기능 저하

노인이 되면 다른 기능과 마찬가지로 성기능에 있어서도 변화가 생긴다. 젊었을 때는 외부의 성적 자극에 대해 빠르게 반응하지만 나이가 들수록 속도 및 강도상으로 감퇴하게 된다. 실제로 남자의 성적 충동은 10대에 최고조에 달했다가 서서히 줄어들고 ,여성의 성감은 성인이 된 후 최고조에 달해 유지되다가 60대 말이 되면 감소하는 경향을 보인다. 나이가 들수록 나타나는 남성과 여성의 성기능 차이를 보면 다음과 같다.

남성의 변화

남자의 경우 나이가 들수록 남성 호르몬이 감소하며 성욕과 성기능도 감소된다. 특히 남성은 나이가 들수록 음경이 발기하는 데 걸리는 시간이 길어지고 자극을 받고서도 음경이 즉시 발기하지 않는다. 발기 후 지속시간도 짧아져서 몇 분간 유지하다가는 곧바로 수그러든다. 그리고 발기는 해도 단단해지지도 않는다. 뿐만 아니라 사정하기 전의 분비물이 감소하고, 매번 성교 때마다 사정이 되는 것은 아니며, 사정이 된다 하더라도 정액량이 감소하고, 사정하는 데 힘이 없어진다. 이에 따라 자연스럽게 쾌감이 줄어들거나 모호해진다. 이런 현상은 나이가 먹음에 따라 자연스럽게 나타나는 현상이므로 걱정할 일이 아니다.

남자에게서 성욕이 발생하는 직접적인 원인은 고환에서 분비되는 안드로겐 때문이다. 다만 성욕을 불러일으키는 과정은 매우 복잡하여 시각적·후각적·청각적·상상적인 영향을 받는다. 노인이 되면 성호르몬의 분비가 감소하고, 그에 따라 성욕이 감퇴하는 것은 필연적이다. 그러나 성적 욕구와 성기능은 일반인이 상상하는 것처럼 그렇게 큰 폭으로 감퇴하지 않고 매우 완만하고도 균형 있게 이루어진다.

다만 젊은이들은 성욕이 강렬하기 때문에 머릿속으로 상상만 하거나 시각·청각·후각을 통한 자극만으로도 성욕이 일어날 수 있다. 그러나 나이가 들수록 이러한 자극에 대한 반응은 점차 사라져 모르는 사이에 사라져 버리고, 전신적인 애무와 생식기에 대한 직접적인 자극이 아니고는 성욕을 불러일으킬 수가 없다. 따라서 노인들은 피부 접촉 욕구가 강해지는 추세를 보이는데, 이는 성생활의 횟수가 감소하는 것을 보상하기 위한 욕구일 가능성이 높다. 따라서 노인 남자들은 성생활을 하기 전에 준비를 잘 해서 서로 정성들여 애무하고 국부에 대한 자극을 강화함으로써 성욕이 일정한 만족을 얻을 수 있도록 해야 한다. 그래서 부부간의 애무와 포옹은 노인 남성의 성생활 유지에 매우 중요하다.

그러나 아무리 외부적인 자극을 주어도 발기가 되지 않을 때는 남성 발기부전을 고민해 봐야 한다. 남성 발기부전의 가장 흔한 원인은 심혈관계 질환과 당뇨로 인해 발생한다. 특히 동맥 경화증의 초기 증상이 발기부전으로 나타나는 경우가 많다. 음경 동맥의 이상이 있는 경우, 고지혈증·허혈성 심장질환이나 뇌졸중이 관련이 있을 가능성이 있다. 당뇨병 환자의 경우, 발기부전의 빈도는 28%로 일반인의 9.6%보다 높다. 만성적인 상태가 되면 치료가 어렵고 심각한 스트레스로 작용한다. 관절염도 통증이나 경직·동작의 장애로 인해 성관계를 어렵게 하며, 흡연도 발기에 안 좋은 영향을 미친다.

남성은 나이가 들면 발기에 더 많은 자극이 필요하고 발기가 오래 지속되지 않을 수 있는데, 이러한 변화에 대한 불안감이 발기부전 등의 성기능 장애를 초래한다. 노인들이 매번 사정해야 한다는 강박관념만

버린다면, 성행위의 빈도를 조절하며 지속적으로 성생활을 유지할 수 있다. 뿐만 아니라 테크닉을 달리함으로써 얼마든지 성기능 장애를 방지하고 성생활을 유지할 수 있다.

나이로 인한 호르몬 결핍 증상은 남성 호르몬 보충 요법으로 큰 효과를 볼 수 있다. 남성 호르몬 보충 요법은 성욕과 발기력을 향상시킬 뿐 아니라 골다공증 예방, 근력 강화, 기분전환 등의 부수적인 효과도 얻을 수 있다. 요즘은 비아그라와 같은 경구용 발기부전 치료제나 음경 해면체 주사제를 통해 발기부전 등을 극복할 수 있다.

여성의 변화

남성이 호르몬 결핍에 의해 성욕이나 성기능이 감소하듯 여성에게도 폐경기 증상과 함께 나타난다. 여성은 45세 전후의 폐경기가 지나면서 난소의 기능 부전으로 여성 호르몬 및 남성 호르몬의 저하가 나타난다. 이러한 현상은 갱년기 장애와 함께 질 분비액이 감소하고 생식기로의 혈류도 감소하면서 통증 등을 유발하거나 감각이 떨어질 수 있다.

폐경은 인간이 진화론적으로 좀 더 자녀를 잘 기르고 오래 살기 위해 택한 전략이다. 그러므로 폐경이 곧 성생활의 중단을 의미하지는 않는다. 여성이 60세가 되어도 질 윤활액이 분비되기까지 더 많은 시간이 걸리기는 하지만 성 흥분과 쾌감은 거의, 또는 전혀 영향이 없다. 폐경기가 지나도 정기적으로 오르가슴을 경험한 여성들은 섹스를 전혀 하지 않는 여자에 비해 질 위축이나 외성기의 장애가 적으며, 심리적 만족감도 높다. 그러나 여성들의 경우 성에 대한 지식이 매우 낮아 폐경기 이후 스스로 성에 대한 욕구를 갖게 되면 안 된다고 보는 경향이 있어 성에 대한 욕구를 참게 되고 실제적인 영향을 주게 된다. 여성도 남성과 마찬가지로 젊을 때와는 다르지만 노후에도 여전히 성생활을 하는 것이 자연스러운 일이다.

여성의 경우 국소 호르몬제 또는 윤활제 등을 사용하거나 적절한 상담 치료를 통해 성기능 장애를 호전시킬 수 있다. 여성의 성적 욕구를 높이는 방법은 호르몬 보충으로 성욕의 증가, 감각의 호전 등을 기대할 수 있다.

심리적
좌절감

우리나라의 자살률은 1998년 외환위기 당시 급증했고, 이후 다소 감소하다 시기적으로 카드대란과 겹치는 2002년 전후부터 다시 증가세로 돌아섰다. 이후 지금까지 계속 증가하고 있어 OECD 국가 중에서 가장 자살률이 높은 국가란 오명을 가지고 있다. 하루 평균 약 40명이 자살로 삶을 마감하는 '자살공화국'이라 해도 과언이 아니다. 정신과 전문의들은 이처럼 노인들의 자살률이 증가하는 것에 대해 여러 신체적인 질환과 함께 심리적인 불안, 외로움 등 때문에 겪게 되는 노인성 우울증과 관계가 많은 것으로 추정하고 있다.

노인 우울증

노인 우울증은 65세 이상 노인 인구의 5~10% 정도가 앓고 있을 정도로 흔한 질환이다. 노인 우울증의 원인은 정신적으로 기분이 가라앉거나 절망감, 우울감, 무력감 등을 느낄 뿐 아니라 신체적으로 수면 장애, 두통, 복통, 식욕 감퇴 등의 신체적 증상이 동반되는 경우가 많다. 또한 환경적으로 자녀의 결혼과 이사, 사망 그리고 주변 친인척이나 친구들의 사망 등의 관계 변화로 증상이 심해질 수 있다.

노인 우울증은 노인이라면 누구나 조금씩은 가지고 있다. 게다가 요즘은 핵가족화로 노부부만 살거나 혼자 사는 노인도 많아 방치될 가능성이 더 커진다는 문제점이 있다. 노인 우울증은 발견이 어려운데, 이유는 나이가 들수록 말수가 적거나 원래 그렇다는 생각이 들기 때문에 주변에서 신중하게 지켜보지 않고는 발견하기 어렵기 때문이다. 특히 다른 신체적 질환이 있는 경우 우울증을 발견하기는 더욱 어려워져 주변 사람들은 물론 스스로도 알아차리기 힘들기 때문에 더 큰 문제가 될 수 있다.

노인 우울증을 발견하는 방법에는 평소와 다르게 기억력에 장애가 있거나 심한 분노감이나 절망감, 외로움 등의 감정 이상 등을 보이거나 이유 없이 불면증, 식욕부진, 복통, 두통 등을 호소하며 활동력이 떨어질 때면 우울증의 가능성을 생각해 볼 수 있다. 특히 가족 가운데 우울증, 고혈압, 뇌졸중 등을 앓았던 사람이 있어서 본인이 앓고 있는 경우나 폐경 뒤 갱년기 증상이 심한 여성, 노년기에 배우자가 사망한 경우 등은 노인 우울증 발생 가능성이 크므로 각별한 주의가 필요하다.

　노인 우울증의 발생 정도는 개인이 가진 신체적 질병과 정년퇴직, 이별과 같은 사건, 가족이나 친구의 죽음, 재정적 문제, 교육 수준, 인격, 만성 질환 및 기능 상실의 정도 등이 영향을 미친다.

　노인 우울증은 무엇보다 예방이 중요한데, 예방하는 가장 쉬운 방법은 여생이 얼마 남지 않았다는 생각 자체가 우울증을 만들고 생의 의욕을 상실케 하는 것이기 때문에 본인이 스스로 인생이 발전해 가는 과정이라는 긍정적이고 자신감이 넘치는 인생철학을 새롭고 바르게 확립하는 것이다. 그러나 본인이 인생철학을 바르게 확립하지 못했다면, 주변인들의 도움이 필요하다. 평소에 노인이 우울하지 않도록 가족, 친척, 친구와의 관계가 돈독해지도록 하는 것이 매우 중요하며, 신경을 다른 곳에 쓸 수 있도록 일정한 취미 활동을 배워 몰두하게 하거나 사회적으로 대외 활동을 하도록 권장하는 것도 매우 효과적이다.

　특히 배우자나 자녀의 사별을 겪은 사람들은 우울증에 걸릴 위험도가 높다. 배우자나 자녀의 사별을 통해 생긴 노인의 우울증은 수일 동안은 매우 흔하지만 대부분 시간이 지날수록 서서히 증상이 감소한다. 그러나 이러한 증상이 2주 이상 계속되면 우울증을 의심할 수 있는 만큼 전문의의 진료를 받아야 한다.

　신체 질환을 가지고 있어서 거동이 불편한 노인은 통증이 생기지 않도록 지병 관리를 더욱 열심히 해야 한다. 통증을 수반한 지병은 노인에게 더욱 큰 우울증을 가져오기 때문이다. 통증을 잊기 위하여 음주를 하기도 하는데, 술에 들어 있는 알코올이 분해되는 과정에서 생기는 산물이 우울한 마음을 더욱 유발할 수 있으므로 과도한 음주는 피하는 것이 좋다.

노인 우울증도 일반적인 우울증과 같이 치료에 잘 반응하면 70~80%는 좋아지나 치료를 중단하면 1년 뒤에는 세 명 가운데 한 명이, 5년 뒤에는 네 명 가운데 세 명이 재발할 정도로 재발률이 높다. 노인 우울증은 일단 치료됐다 하더라도 재발이 매우 쉬우며, 젊은 사람들의 우울증보다 자살 기도의 가능성과 성공 가능성이 더 크다는 점이 특징이다.

노인 증후군

요즘 노인 증후군을 앓고 있는 사람들이 증가하고 있다. 노인 증후군은 아무 이유도 없이 자신이 나이가 먹었다는 생각에 입맛이 없다고 한다거나 어지럽다든지, 신체적으로 자꾸 노화 현상이 생긴다고 생각하여 모든 일에 의욕이 없고 우울증에 빠지는 현상을 말한다. 아무리 의학적으로 검사를 해봐도 뚜렷한 원인을 찾지 못하는 경우가 많다. 노인 증후군은 기존의 질병 진단 기준으로는 설명할 수 없는 증상들을 가리키는 의학 용어다. 원래는 연로한 어르신들에게 흔하게 나타나는 현상이었지만, 요즘에는 예전에 비하여 월등하게 신체적으로 건강이 떨어지거나 차이를 인식하는 사람들에게 나타나는 증후군이다. 특히 건강 이상이 찾아와 현재 앓고 있는 다수의 질환이나 신체적으로 기능이 저하될 때 여러 가지 요인들이 서로 복합적으로 작용하여 나타난다.

문제는 노인 증후군을 앓게 되면 사는 게 재미가 없으며, 모든 의욕이 사라지고 무기력해져 일상생활을 영위해나가는 데 어려움을 겪게 된다는 것이다. 노인 증후군은 심리학적으로 시작한 것이지만, 신체적으로 실신 또는 현기증, 식욕감퇴, 체중감소, 노쇠, 요실금, 근력감퇴 등이 나타나기도 한다. 더욱 큰 문제는 이러한 노인 증후군에 깊게 빠질수록 스스로 자신이 움직이기 어렵다고 인정하면서 몸져눕거나 가족이나 타인의 도움을 받아야만 생활이 가능하게 되고, 심한 경우 사망할 위험도 따른다는 사실이다.

노인 명절 증후군

노인 증후군과 함께 더욱 증가하고 있는 것이 노인 명절 증후군이다. 노인 명절 증후군은 명절이 끝나면 자연스럽게 자식들이 없는 빈자리로 인해서 갑자기 외롭다는 생각이 드는 증후군을 말한다. 노인 명절 증후군은 자녀와 함께 살던 노인 부부들에게는 별로 나타나지 않고, 노부부끼리만 사는 경우나 독신으로 사는 경우일수록 심하다. 명절날이 되어 오랜만에 아들, 며느리에 손자까지 있던 시끌벅적한 자리가 이어지다 갑자기 자기들 집으로 가게 되면 빈자리에서 오는 공허감 때문에 하염없이 눈물을 흘리게 된다. 이러한 공허감은 원래 하루 이틀로 끝나지만 그 공허함이 2주 이상 계속 될 경우, 평소보다 소화도 잘 되지 않고 두통을 호소한다면 우울증을 의심해봐야 한다.

노인 명절 증후군을 예방하기 위해서는 명절을 지나고 난 다음에 돌아가서 부모님에게 보다 자주 전화를 하고 손자들도 전화를 자주 해서 늘 자식들이 가까이 있다는 것을 알려주는 것도 좋은 방법이다. 전화 한 통 드리는 작은 관심이 부모님에겐 병을 막는 큰 힘이 될 수 있다.

노인이 되면 쉽게 빠지는 것이 우울증이다. 우울증에 걸리면 의욕 저하와 함께 좌절감이 깊어지고, 신체적·정신적으로 힘들어지는 경우가 많다. 심한 경우에는 다양한 인지 및 정신·신체적 증상을 일으켜 일상 기능의 저하로 이어진다.

우울증은 평생 유병율이 15%, 특히 여성들은 25% 정도에 이르며, 감정, 생각, 신체 상태, 그리고 행동 등에 변화를 일으키는 심각한 질환이다. 이것은 한 개인의 전반적인 삶에 영향을 준다. 우울증은 일시적인 우울감과는 다르며 개인적인 약함의 표현이거나 의지로 없앨 수 있는 것이 아니다. 상당수가 전문가의 도움을 받지 못하고 우울증으로 고생하는 경우가 많아 안타까운 질환이기도 하다.

더 큰 문제는 노인 자살의 가장 큰 원인으로 우울증이 꼽히고 있다는 것이다. '내가 이 나이에 더 살아서 뭐 할 것이냐' 하는 생각들이 쌓이고, 결국 자꾸 신경 쓰게 되면서 우울증으로 발전되는 것이라고 한다. 핵가족 제로 인한 가족 분화와 해체로 외로움을 많이 느낄 수밖에 없고, 경제적으로도 힘든 노인들일수록 더 깊은 우울증에 빠진다.

우울증을 해결하려면 자신이 갖고 있는 부정적 생각을 그대로 받아들이지 말고, 자신의 감정을 누군가에게 말하는 것이 훨씬 효과적이다. 따라서 우울증에 빠지면 혼자 해결하기보다는 전문가나 부모, 친척, 친구, 이웃, 성직자 등 누구라도 자신이 편하다고 느끼는 대상에게 최대한 도움을 구해야 한다. 특히 전문가의 적절한 치료를 받는다면 상당한 호전을 기대할 수 있고, 이전의 정상적인 생활로 돌아가는 것이 가능하다.

우울증이 생기지 않게 예방하려면, 우선 자신에 대해 부정적인 생각을 갖지 말고 스트레스를 받지 말아야 한다. 부정적인 생각을 하게 되면 모든 일에 흥미가 떨어지고, 자신을 무가치한 사람으로 여기게 된다. 스트레스가 쌓이면 기분이 우울하고 몸도 아파 모든 것이 귀찮아져 우울증에 빠지게 된다. 따라서 이러한 생각을 없애려는 노력과 다음과 같은 생각을 하도록 마음을 다져야 한다.

- 나는 지금까지 자신과 가정, 사회 발전을 위해 최선을 다했다. 따라서 나는 지금 휴식을 취하고 있는 것이다.
- 나는 어떤 일이든 할 수 있으며, 사회에서 필요한 사람이다.
- 나는 적당한 멋을 가진 사람으로 변화하고 있으며, 나의 변화는 매우 마음에 든다.
- 나에게 있어 가장 중요한 것은 배우자이며, 다음은 자녀들이다.
- 풍족한 삶을 위해서는 돈도 중요하지만 건강이 우선이다.
- 지금 내가 살고 있는 삶은 내가 예전에 꿈꿔왔던 노후생활이다.
- 나에게 의미 있는 것은 건강과 사람들과 교류하는 것이다.
- 나를 기대감으로 흥분시키는 것은 부부간의 행복이다.
- 나는 앞으로 남은 여생을 활기차게 보내기 위해 도전하며 살아간다.
- 나는 어떤 일이든 이해하고 화를 내지 않는다.
- 나는 주변사람으로 인해 스트레스를 받지 않는다.
- 나는 어떤 것이든 목표를 세우면 꼭 실천한다.
- 나의 나이는 다른 사람들에게 보기 좋다.

- 나는 나이를 먹어 늙어 가는 것이 당연하기 때문에 두렵지 않다.
- 나는 언젠가 태어난 곳으로 다시 돌아간다.
- 나는 내가 예전에 가졌던 경제적 소득, 조직 내 직책, 사회적 지위, 업적, 부모 역할을 버리고 새로운 삶을 산다.
- 나는 은퇴를 하면서 사회의 초년생처럼 많은 것을 배워간다.
- 나는 젊었을 때 하지 못했던 취미생활을 지금부터 할 것이다.
- 나는 앞으로 살아가면서 모든 사람에게 존경받는 삶을 살 것이다.
- 나의 자식들은 품안에 있을 때가 내 자식이었고, 지금은 사회의 자식이다.
- 나는 누가 나를 서운하게 해도 서운해 하지 않는다.

노인 자살률
증가

고독사와 함께 늘어나는 것이 노인 자살률이다. 우리나라는 이미 OECD 국가 중에서 자살률이 높은 나라로 오명을 가지고 있다. 문제는 노인 자살이 전체 자살의 25% 이상을 차지하고 있으며, 해가 지날수록 늘고 있다는 것이다. 실제로 지난 10년 사이에 노인 자살이 3배나 늘었고, 65세 이상 자살률이 65세 미만 자살률보다 4배 높은 것으로 나타났다.

2009년 통계청의 자료를 보면, 노인 자살의 가장 큰 이유는 질환·

장애가 40.8%로 가장 큰 원인이고, 그 다음으로는 경제적 어려움이 29.3%이다. 이외에 외로움과 가정불화가 각 14.2%, 10.4%이고, 이성과 직장 문제가 각 0.7%, 0.6% 순이다. 늙어서 병들어 고생하는 것과 경제적인 어려움이 전체 70.1%로 노후 대책의 중요성을 새삼 바라보게 한다. 앞으로 수명이 더욱 연장될수록 오래 살기 때문에 지금의 자살 원인 중에서 질환과 장애로 인한 건강 문제는 더욱 심각해질 것이고, 경제적으로도 더욱 어려움이 증가할 것이며, 자녀나 배우자들과의 결별도 더욱 증가한다고 본다면, 노인 자살이 더욱 증가할 것으로 예측된다. 성별에 따른 노인 자살 이유를 보면, 남성의 경우는 주로 노인이 되어 느끼는 우울증, 자녀와 외부와의 단절로 인한 고독, 배우자 상실로 인한 생활의 어려움 등 정서적인 이유로 자살하는 사람이 가장 많았다. 여성의 경우는 자녀들이 부양을 해주지 않거나 자녀들의 학대와 방임 등에서 오는 가족 문제가 제일 큰 원인이었다.

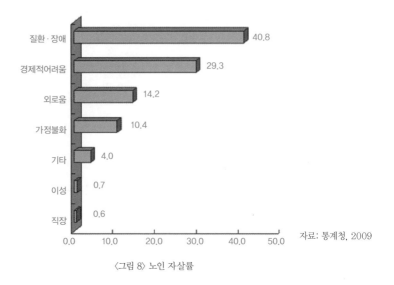

자료: 통계청, 2009

〈그림 8〉 노인 자살률

결국 노인 자살은 자신의 질환이나 장애로 생존하는 것이 고통스럽다고 생각하는 노인들이 극단적으로 선택하기도 하며, 핵가족화의 진행으로 노인층의 소외가 가속화됨에 따라 경제적으로 취약한 노인들이 소득 없이 자식에게 부담이 되기 싫다는 마음에 자기희생이라는 안타까운 결단을 내리게 되는 것이다. 사회·경제적 상황의 급변이 노인들을 자살로 몰아간 셈이다. 고령화사회로 인해 노인이 늘어나는 것이 더 이상 불가피한 상황에서 노인들의 극단적 선택을 방치해선 안 된다.

노인 자살률을 줄이는 방법은 결국 노후에 나타나는 질환과 장애를 대비하기 위해 건강관리가 철저하게 이뤄지고, 경제적인 어려움이 생기지 않도록 준비하는 것이다. 또한 친구와 자녀 또는 배우자와의 관계를 지속적으로 유지하여 외로움을 극복할 수 있는 방법을 강구해야 한다. 노후에 나타나는 질환과 장애는 의료비가 풍족하면 과학기술의 발달에 따라 어느 정도는 해결할 수 있다. 그렇다면 경제적인 어려움만 해결한다면 자살률의 70%를 해결할 수 있다는 결론이 나온다. 노인 질환과 장애는 만성 질환으로 발전할 가망성이 크고 노후자금을 가장 많이 사용해야 하는 원인이 된다. 특히 노후에 증가하는 의료비는 노후를 불안하게 할 수 있다. 따라서 상대적으로 젊고 건강할 때 노인 질환과 장애를 보장받을 수 있는 보장성 보험을 준비해야 한다. 그리고 경제적으로 풍족한 삶을 위해서는 국민연금이나 개인연금을 기본으로 하고 주택, 주식, 채권, 예·적금 등을 계획적으로 관리해야 한다.

외로움과 가정불화는 결국 부모가 자녀들에게 기대려는 마음에서 시작되기 때문에 자녀들이 출가함과 동시에 자녀들에게 기대지 않고 부부간에 인생을 즐길 수 있는 취미 생활을 만들고, 함께할 수 있는 친구들을 만드는 것이 좋다. 친구들이 많을수록 같이 할 수 있는 시간이 증가함에 따라 외로움은 줄어들 수밖에 없고, 가정불화가 생길 요인이 현저하게 줄어들어 노인 자살률을 줄일 수 있다.

고독사

연로한 독거노인들의 경우 만성 질환을 지니고 있는 경우가 많기 때문에 갑자기 돌아가시는 경우가 많다. 문제는 다른 사람들 앞에서 죽음을 맞는 것이 아니라 고독사가 증가한다는 것이다. 급속한 고령화가 진행 중인 일본에서 고독사는 이제 더 이상 생소한 단어가 아니다. 고독사란 글자 그대로 홀로 외롭게 죽음을 맞이하는 경우를 말한다. 이미 우리나라에서도 혼자 살다가 갑자기 죽었지만 몇 달이 지나서야 사망한 것을 발견하는 일이 생겨나고 있다. 물론 이러한 노인들의 고독사가 가끔 언론을 통해 알려지기도 하지만 사실은 세상에 알려지지 않은 채 감춰지는 경우가 훨씬 더 많다. 고독사는 사회적인 무관심과 핵가족화, 도시화 등으로 인한 사회 안전망 부재로 숨진 노인을 제때 발견하지 못하고 있기 때문에 발생하고 있다.

우리나라에서 고독사가 늘어나는 가장 큰 이유는 바로 독거노인들이 늘고 있기 때문이다. 2010년부터 65세 이상 독거노인은 100만 명을 넘었으며, 앞으로 계속해서 늘어날 것으로 예상하고 있다. 독거노인의 문제를 남의 일로만 미뤄두어서는 안 된다. 평균수명의 연장으로 인한 고령화를 통해 우리 모두 언젠가 독거노인이 될 가능성에 노출돼 있기 때문에 어느 누구도 전적으로 예외라고 장담할 수는 없다.

독거노인의 증가는 결국 고독사로 이어진다. 그런데 이러한 현상은 산간 오지가 많은 일부 시·군에서만 발생하는 것이 아니라 도시에서도 발생한다. 고독사를 당하는 노인들은 자주 연락을 주고받는 가족이 없을 뿐만 아니라 이웃들과도 활발한 교제가 없는 경우가 대부분이어서 응급한 상황에 처하게 되더라도 빠른 시간 안에 주위 사람들의 도움을 받기가 쉽지 않아 결국 혼자 쓸쓸히 죽음을 맞게 된다. 따라서 독거노인과 이들의 고독사 예방에 대한 정책적 배려가 시급한 실정이다. 문제는 정부는 독거노인을 보살피기 위한 각종 대책을 내놓고 있지만, 고독사하는 노인에 대한 통계조차 제대로 집계하지 못하고 있어 실효성 있는 대책이 나오기 어려운 실정이다. 앞으로 핵가족이 일상화되고 심지어는 부모를 찾지 않는 자녀들이 많을수록 고독사는 더욱 증가할 것으로 보인다.

일본에서는 사망한지 몇 달 만에 시체가 발견되는 현상 때문에 골머리를 앓고 있다. 고독사가 발생하게 되면 세입자들이 세 들어 살기를 꺼려하기 때문에 유족 측에서 손해배상을 청구하기도 하고, 고독사한 노인의 유품을 정리하는 회사도 성업 중이다. 일본에서도 고독사를 막기 위해 쓰레기나 가스, 수도 사용량 확인을 통해 독거노인들의 안부를 확인하는 서비스업마저 생겨나고 있는 실정이다. 또한 1인 가정과 핵가족화, 고령사회로 인한 고독감을 극복하기 위한 대안주택 운동으로 콜렉티브 하우스(공동체주택)도 생겨나고 있다. 이제 머지않아 우리나라에서도 일본처럼 유품관리사가 유망 직업으로 자리를 잡게 될 것이다.

독거노인들의 고독사를 줄이기 위해서는 스스로 자신의 안전을 지킬 수 있도록 일상생활이나 건강관리에 필요한 교육을 제공해야 한다. 또한 주기적인 건강 검진과 영양 및 운동, 그리고 상담 서비스 등을 제공함으로써 건강이나 안전 등의 문제가 발생하기 전에 미리 예방하도록 해야 한다. 그리고 독거노인들의 안전을 위협하는 중요한 요인 중 하나는 이웃 주민들과의 단절이기 때문에 위험을 가장 빨리 발견하고 도움을 제공할 수 있는 이웃 주민들과 교류할 수 있게 하는 제도적인 장치가 필요하다.

다행스럽게도 정부는 정기적인 방문과 안부 전화 등을 통해 독거노인의 안전 유무를 확인하기 위해 2007년 6월부터 노인 돌봄 서비스를 실시하고 있다. 2009년 현재 5,194명의 독거노인 생활 관리사를 파견해 11만 9,570명의 홀로 사는 노인을 보살피고 있다. 그러나 독거노인 생활 관리사 1명이 평균 22명의 노인을 담당하는 등 서비스 인력이 턱없이 부족하고, 안전 확인 활동만으로는 독거노인들의 안전을 담보하기는 어렵다.

일부 지자체에서는 고독사를 해결하기 위해 독거노인들에게 요구르트를 지속적으로 배달하여 요구르트가 없어지면 노인이 생존하고 있는 것으로 판단하고, 요구르트가 사라지지 않으면 건강을 확인하는 사업을 진행하고 있다. 이외에도 서초구에서 시행하는 독거노인 원격보호시스템도 주목해 볼 만하다.

서초구에서는 2007년부터 독거노인들의 위급상황을 실시간으로 체크해주는 '독거노인 원격보호시스템'을 국내 최초로 실시하고 있다.

독거노인 원격보호시스템은 독거노인의 건강이나 위급상황 등을 24시간 실시간으로 파악해 구청 CCTV 종합 상황센터에 통보한다. 이 시스템은 독거노인 거소의 여러 동선에 설치된 첨단 센서들이 노인의 움직임과 온도·습도·유독 가스·화재 등을 감지하여 비상 상황이 발생하면 구청 상황 모니터링에 접수돼 즉시 적절한 대응 조치를 취하는 것이다. 동시에 비상 출동 대기 상태의 소방서와 경찰서에도 실시간 자동 통보된다.

서초구청처럼 언제, 어디서나 자유롭게 통신망에 접근할 수 있는 유비쿼터스 기술과 병원에 직접 가지 않고도 온라인으로 건강을 진단하고 치료를 받을 수 있는 원격의료 서비스를 유 헬스케어(U-Healthcare)라고 한다. 유 헬스케어는 기술 발달에 따라 점차 다양화되고 있으며, 시장 규모도 점차 확대되고 있다. 더욱이 현재 10명 중 8명이 휴대폰을 가지고 다니고, 점차 스마트 폰으로 바뀌어 가는 상황에서 유 헬스케어는 더욱 진화할 것으로 예측할 수 있다. 스마트 폰을 이용하여 자신의 몸에 부착한 센서를 통해 생체 정보(뇌파, 심전도, 호흡수, 체온, 맥박 수, 혈압, 산소 포화도, 혈당, 근전도 등)를 수집하고, 수집한 정보를 스마트 폰을 이용하여 서비스 서버에 전송하여 관리 주치의나 환자 및 환자의 가족들이 전송된 정보를 실시간으로 볼 수 있는 서비스가 진행되고 있다.

앞으로 스마트 폰을 통해 소외된 노약자들의 건강 상태를 언제, 어디서나 실시간으로 체크하여 진단 및 처방을 하고, 필요에 따라 응급상황 시 119안전센터 등에 연락하여 응급조치의 효율성을 높일 수 있게 될 것이다. 이로 인해 진료에 따른 소요비용(진료비, 교통비 등)이 감소하고 사회에서 소외된 노약자들을 관심 있게 관리할 수 있어 복지사회 실현에 중요한 방편이 될 것으로 예상하고 있다. 따라서 이러한 시대를 하루 빨리 구현하기 위해서는 독거노인들에게 스마트폰을 지급하여 사용 방법들을 알려주는 것도 고독사를 줄이는 중요한 방법이 될 수 있다.

현대판 고려장

가족 해체와 고령화사회로 접어들고 있는 가운데 가족과 이웃들의 외면 속에 노인 학대가 심각한 사회 문제로 대두되고 있다. 이러한 사회 문제 중 하나가 바로 현대판 고려장이다. 고려장이란, 원래 고려시대의 농경사회에서 생산력이 없어진 늙은 부모를 산속에 버려서 입 하나의 수고를 더는 것이었다. 그런데, 자식이 부모를 버리는 이런 일들이 현대 사회에서도 흔하게 일어나고 있다.

2008년 7월 노인 장기요양 보험의 실시로 정부가 요양원 입원 노인들에게 건강 보험료의 80%를 제공하자 노인 부양비용에 대한 부담이 크게 줄었다. 그러자 노인 요양원이 돈벌이가 된다는 소문을 듣고 이런 시설들이 우후죽순처럼 늘어났다. 2008년 1,300개였던 노인 요양원의 수가 2010년 현재 3,311개로 크게 증가했다. 자연스럽게 노인 요양원들은 돈벌이 수단을 위하여 노인들을 요양원으로 끌어들이기 시작했다. 노인 요양원들의 불법적이고 야만적인 행태가 문제가 되어 KBS '소비자 고발'에서 보도되기에 이르렀다.

소비자 고발의 보도에 따르면, 일부 요양원은 돈을 벌기 위해서 입소 자격이 안 되는 노인들의 서류를 의사와 짜고 위조하여 입원하도록 하는 불법도 자행하였다. 노인 요양원은 마치 짐승처럼 치매 환자의 손과 발을 침대에 묶어 줄곧 누워 지내게 하다 보니 욕창이 생기는 일이 비일비재하였다. 또한 부실한 식사를 내놓거나 간호 등 관리 부실로 멀쩡한 노인들이 병을 얻기도 하였다. 심지어는 노인들의 병세가 악화되어도 죽을 때까지 자식들마저 방치하는 일마저 벌어지고 있다. 노인 요양원의 돈 욕심과 부모를 모시지 않으려는 자식들과 아귀가 맞아 떨어졌기 때문이다. 노인 요양원에 부모를 맡긴 5% 가량의 가족들은 노인을 요양 시설에 입소시킨 후, 발걸음을 아예 끊어버리는 것으로 나타났다. 결국 부모를 모시기 싫은 자녀들이 손쉽게 노인 장기요양 보험의 혜택을 이용하여 노인들을 요양원에 현대판 고려장으로 보내는 것이다.

군이 노인 요양원에 부모를 의탁하는 경우가 아니더라도 현대판 고려장은 쉽게 찾아볼 수 있다. 예전에 SBS '그것이 알고 싶다'에 방영되어 큰 파장을 일으켰던 '자식만을 믿은 죄, 해외 고려장' 편에서 보았듯이, 해외에 버려지는 노인들이 생기고 있는 것이다. 해외로 이민을 간 자식들이 같이 생활하자며 부모를 초청하고, 노부부는 전 재산을 정리해서 자식만을 믿은 채 해외로 가면, 자식들이 부모의 비자가 만료되는 시점에 종적을 감춰 버린 것이다. 이렇게 낯선 타국에 버려진 노부부는 불법체류자가 된다. 뿐만 아니라 외국 여행이나 국내 여행을 가서는 부모를 버리고 오는 경우도 종종 신문 기사에 등장하고 있다. 현대판 고려장에는 자식으로부터 버려지는 것만이 아니라 심지어는 부모를 감금시키고 방치하는 것도 포함된다. 더 큰 문제는 노인들이 살고 싶은 의지가 있어도 자녀들 간의 재산 분쟁과 치료비 걱정으로 인해 치료 거부 의사를 밝힐 가능성에 대한 문제이다.

앞으로 평균수명 증가로 부모와 자녀 간의 갈등과 경제적 어려움 등을 이유로 부모를 찾지 않고 방치하는 경우가 증가하게 될 것이다. 문제는 홀로된 독거노인들의 경우 경제적으로 어려움을 겪고 있을 뿐만 아니라 건강이 좋지 못한 경우는 거의 방치되기까지 하여 고독과 절망을 가슴에 품고 죽음을 기다리고 있는 경우도 있다는 것이다.

결국 자녀들이 경제적인 이유로 부모를 방임한다는 것은 자기 몸을 제대로 가누기 어려운 노인들에게는 거의 학대라고 할 수 있다. 실제로 통계자료를 보면, 노부모에 대한 학대가 점점 늘어가고 있음을 알 수 있다. 학대 중에서도 욕을 하거나 협박을 하는 언어·정서적 학대가 가장 많았고, 심지어는 폭행을 하는 신체적 학대나 죽든 살든 신경 쓰지 않고 돌보지 않는 방치 등도 적지 않은 것으로 집계됐다. 중앙노인보호전문기관에 따르면, 전국 20개 기관에 접수된 학대 신고 건수는 지난 2006년 3,996건에서 2007년 4,730건, 2008년 5,254건에 달했다. 노인 학대 발생 빈도도 1주일에 한 번 이상이 전체 2,640건 중 877건(32.8%)으로 가장 높았고, 매일 학대를 받는다는 노인도 762명(28.5%)나 됐다. 학대만으로 끝나는 것이 아니라 자식에 의한 부모의 살인도 늘어나고 있다는 것은 사회적으로 큰 문제가 아닐 수 없다.

학대행위자는 2009년까지 아들, 며느리, 딸 순이었으나 지난해에는 아들 다음으로 배우자에 의한 학대가 많은 것으로 조사됐다. 이는 평균수명 증가로 노부부 단독세대가 많아지면서 부양을 책임지는 배우자에 의한 학대가 늘어난 것으로 분석된다.

노인 학대는 가정 내에서 이루어지는 일이고 통상 자식들에 의해 이루어지는 일이기 때문에 부모 된 입장에서 다른 사람의 도움을 청하기가 쉽지 않다. 심한 경우 폭행을 당해도 '내가 자식 교육을 잘못해서지' 하면서 넘어가 버리기 때문에 더욱 큰 문제가 되고 있다. 따라서 주변에서 관심을 기울이고 적극적으로 신고하는 것만이 노인 학대를 방지하는 효과적인 보호 장치가 될 수 있다.

황혼이혼

직장을 퇴직하고 나면 남자들은 퇴직후유증으로 시달리지만, 여자들은 은퇴남편증후군으로 시달린다고 한다. 은퇴남편증후군(RHS ; Retired Husband Syndrome)은 1991년 일본의 노부오 쿠로카와(Nobuo Kurokawa) 박사가 처음으로 명명한 것으로, 이 질환은 남편이 은퇴할 시기가 다가오면서 아내의 스트레스 강도가 높아져 몸이 자주 아프고 극도로 예민해지는 현상을 말한다. 은퇴남편증후군이 심해지면 단순히 주부들의 건강 문제에서 그치는 것이 아니라 황혼이혼으로 인한 가족 해체로까지 이어진다. 20여 년 전 일본에서 일기 시작한 황혼이혼 바람은 이제 우리 사회에도 거세게 불고 있다.

황혼이혼이란 소위 노년기에 하는 이혼을 말한다. 이를 협의의 의미로 보면 60~70대 이후의 이혼을 말하지만 광의의 의미로 본다면 자녀들이 출가하였거나 대학생이 되어 독립할 수 있게 된 후의 이혼을 포함한다고 볼 수 있다. 황혼이혼은 자식이 대학에 입학하면 이혼을 요구한다 해서 '대입이혼'이라고 하기도 한다.

노인들의 이혼 문제는 이제 사회 문제로 확대되어 여러 가지 갈등을 일으키고 있다. 이런 황혼이혼의 추세는 '다 늙어서 무슨 이혼이냐, 그냥 살지'하는 곱지 않은 시선에도 불구하고 꾸준히 증가하고 있다. 유교적 가치관이 뿌리박혀 있는 기존의 우리 사회의 인습에 젖어 있던 노인들의 인식이 이제는 조금씩 진정한 삶의 행복을 찾으려는 도전으로 전환되고 있는 것이다. 노년기에 무엇보다 중요한 것은 부부가 함께 해로하며 서로 쌓아가는 감정적인 유대이다.

통계청의 자료에 의하면 황혼이혼은 늘어나는 반면에 결혼 초기 이혼은 감소하고 있다. 특히 60대 이상 황혼이혼 상담 건수는 계속 늘어나는 추세이며, 실제로 10년 전보다 2배 이상 증가하고 있다.

황혼이혼을 한 여성들의 특징을 보면, 첫째, 연령대가 주로 50대에서 60대 이상이고 둘째, 자녀가 대부분 결혼하여 독립한 후이며 셋째, 황혼이혼의 원인으로는 부부 갈등이 오랫동안 진행되거나 여성이 가정으로부터 독립하여 자유를 느끼려는 의지가 많았다는 점이다.

한평생을 같이 하기로 한 부부에게 있어서 황혼기에 겪는 이혼을 바라보는 시각은 긍정적인 시각과 부정적인 시각으로 나눌 수 있다. 긍정적인 시각은 황혼이혼을 통해 부부 갈등을 해소하고, 각자 자신이 원하는 합리적이고 행복한 삶을 추구함으로써 사회적인 안정을 유지한다는 입장이다. 다만 이혼으로 인한 문제들을 최소화할 수 있도록 국가와 사회가 정책을 모색해야 한다고 보고 있다. 반면에, 부정적인 시각은 황혼이혼을 통한 부부 해체 후의 삶이 독거노인 가구 증가나 가정 파괴와 같은 새로운 문제를 야기하게 되므로 가능한 한 참고 살아야 한다는 입장이다. 이러한 두 가지 시각들 중 어떤 것이 더 옳고 그른지에 대해서는 결론을 내릴 수 없다. 다만 이러한 시각이 존재하고 있다는 것을 사전에 미리 알아두고 황혼이혼에 접근할 필요가 있다.

대부분의 황혼이혼 사례를 살펴보면, 아내가 더 이상의 가정생활을 견디지 못하고 이혼을 요구하는 경우가 많다. 남자의 정년 후 황혼이혼의 증가와 관련하여, 전문가들은 여성들이 자녀들을 출가시키면서 남는 여가를 즐기는 것을 알게 되면서 얻는 '여권신장'을 주원인으로 꼽는다. 즉 남자들은 전통적인 가부장적 사고방식에 의해 여자들이 지속적으로 가사 노동을 해야 한다는 생각과 이제는 자신의 권익을 찾겠다는 여자들의 주장이 충돌하여 가정의 불화를 만들고 있다는 것이다.

지금의 50~70대 남자들은 그들의 아버지와 할아버지에게서 남자의 역할을 배웠다. 그들은 남편과 아버지가 존경받는 철저한 가부장제 하에서 남존여비 사상이 몸에 밴 사람들이다. 이들은 자신이 배운 역할에 충실했을 뿐이다. 그러나 요즘의 여성들은 그들의 어머니와 할머니가 살았던 방식대로 살지 않으려고 한다. 50~70대 여성들은 '여권신장 시대'에 여권을 주장하는 방법으로 이혼을 요구하고 있는 것이다.

이제 부부간에 이심전심은 사라지고 있다. 결혼해서 함께 30년을 살아도 부부가 나누는 대화란 기껏 가족으로서 필요한 것을 전달하는 정도에 불과하다. 한마디로 가족에 관련된 대화 외에는 대화 거리가 거의 없다는 것이다. 그러나 여자는 동성 친구들끼리 연애, 실연, 결혼, 자식, 경제적 문제까지 속속들이 이야기하면서 스트레스를 풀고 있다. 그러다 보니 부부간에는 무미건조해지고 대화가 점점 단절되어 가기도 한다. 따라서 은퇴를 하기 전에 부부간에 대화의 주제를 가족에서 벗어나 상대방이 무엇을 좋아하는지를 이야기할 수 있어야 한다.

살면서 부부가 이혼하는 사유를 보면, 남성의 외도로 인한 가정 소홀이 29.0%로 1순위를 차지하였다. 그 다음으로는 경제력 부족, 권위주의 등이었다. 그러나 남성이 실직을 하고 나서 이혼 사유를 보면, 남성의 외도보다는 경제력 상실과 실직이 54.0%로 대부분을 차지하였다. 부부가 사는 데 경제력과 권위의 상실이 얼마나 중요한가를 보여주는 대목이다. 이 같은 이유 때문에 무조건 참고 살아왔던 과거와는 달리 요즘은 결혼 생활이 20년을 훌쩍 넘어섰더라도 무능력한 배우자와 이혼해 자기 자신만의 삶을 찾고 싶다는 목소리를 높이고 있다. 그렇다면 은퇴 후 여생을 행복하게 부부로 같이 살려면 어찌해야 할까? 은퇴하고 남은 인생을 행복한 부부의 모습으로 살아가기 위해 노력할 수 있는 방법은 여러 가지가 있다.

첫째는 상대방을 배려하는 것이다. 부부는 서로 편한 생활을 할 수 있도록 배려주어야 한다. 즉 부부가 서로 무엇을 원하고 무엇을 싫어하는지를 알아서 원하는 것을 해주고 싫어하는 것을 하지 않는 것이다. 예를 들어 여성이 친구들과 잦은 만남을 가지려 한다면, 남성은 이를 이해하고 간섭하지 않는 것이다. 또한 여성이 참고 있는 일이 있다면, 그것을 찾아서 해결해 주는 것이다. 여성들은 실제로 경제적 약자였기 때문에 불만은 있지만 그냥 참고 지냈을 뿐이다. 그러나 남편이 퇴직하면서 이렇게 참아왔던 것을 버리고 하고 싶은 말이나 행동을 거침없이 하게 된다. 심지어는 각방을 쓰고 싶어 하기도 한다.

둘째는 상대방을 인정하는 것이다. 퇴직한 부부는 상대의 자존심을 상하게 하지 않도록 조심하고, 서로를 인정해주어야 한다. 즉 부부는 한 편의 필요에 의해서 종속되는 것이 아니라 서로가 필요한 존재라는 생각을 가져야 한다. 서로가 필요한 존재가 되기 위해서는 부부로서 아낌없이 애정을 주고받으며 공동의 관심사를 만들어야 한다. 공동의 관심사를 만들기 위해서는 같이 할 수 있는 취미를 만들거나, 대화거리가 고갈되지 않도록 노력해야 한다. 예를 들어 부부가 같이 등산을 하게 되면, 자연스럽게 등산에 관련된 대화거리가 생기고 같이 할 수 있는 공동의 관심사가 생기게 된다. 이렇듯 공동의 관심사가 생기면, 상대방에 대한 이해가 생기고 상대방을 인정하려는 마음이 생기게 된다.

셋째는 상대방을 격려하는 것이다. 특히 퇴직한 배우자가 긍정적인 자아정체성을 가지도록 격려하고 지지해 줄 때, 남은 인생이나 부부 관계에 대한 만족감이 높은 것으로 나타났다. 즉 퇴직한 남편에게 그동안 일을 하면서 수고한 부분들을 격려해 주면, 자신이 지금까지 한 일이 가족을 위해 중요한 일이었다는 자족감을 가질 수 있다. 이러한 자족감은 가정 내에서 남성의 역할을 다시 강조하는 기회가 되고, 자신감을 갖고 살 수 있도록 해준다.

넷째는 자신의 요구를 표현하는 것이다. 남편과 아내는 서로를 잘 아는 것 같으면서도 모르는 게 많다. 부부관계에서 문제는 큰 것보다 작은 것으로 시작되는 경우가 많다. 따라서 황혼이혼을 줄이는 방법으로 서로에게 요구할 것이 있으면 분명하게 말해야 한다. '상대방이 알아주겠지'라고 생각해서 알아줄 때까지 기다리기만 해서는 오히려 관계를 악화시키기만 할 때도 있다. 따라서 자신의 생각이나 요구 사항을 표현하는 습관을 길러야 한다. 이러한 생각이나 요구의 표현을 통해 상대방이 수용만 해준다면, 아무런 문제가 생기지 않고 잘 살 수 있을 것이다.

세상의 변화에
도태되다

대다수의 한국 노인은 빈곤과 질병, 고독, 역할 상실 등 '노인 사고(四苦)'에 시달리고 있다. 노인 사고(四苦)란 노인이 되면 경제적으로 빈곤해지며, 신체적으로는 질병을 앓게 되고, 심리적으로는 소외감을 느끼며, 사회적으로는 역할을 상실하여 외롭게 살게 되는 것을 말한다.

노년기에 이르면 대부분 본인이 익숙한 환경의 습관 형태가 새로운 시대에 맞는 형태로 바뀌는데, 그 때문에 욕구 불만에 빠지거나 부적응을 일으키기 쉽다. 그리고 사회적 신분을 상실하거나 경제 능력이 저하되기 때문에 열등감을 느끼는 경우도 많다. 또 심신의 기능이 쇠퇴하고 건강을 잃기 쉬우며 활동력이 저하되기 때문에 자주성을 잃고, 의존성이 높아진다. 이처럼 노년기는 개인적인 적응이나 사회적인 적응에 있어서 많은 문제가 있기 때문에 가정과 사회의 충분한 배려가 필요하다. 노년기는 청년기와 마찬가지로 주관성이 강해지는 시기이다. 청년기의 주관성은 주로 경험 부족에서 오는 경우가 많지만, 노년기의 주관성은 과잉된 경험에서 유래하는 경우가 많다. 노인들을 흔히 완고하다고 하는

데, 그것은 지나치게 과거의 경험을 내세우기 때문이다. 노년기의 심리 상태가 이렇기 때문에 새로운 사회 변화에 적응하기 보다는 과거에 집착하는 경우가 많다. 그러다 보니 요즘에 와서는 노인 사고(四苦)에 지류고(遲流苦)를 더해 노인 오고 시대가 되었다.

지류고란 시대적 변화와 흐름에 뒤쳐진다는 의미로, 오늘날 과학 기술과 IT의 발달로 인해 각종 전자 기기들이 대거 등장한 가운데 정보와 기계로부터 소외를 느끼는 것을 의미한다. 처음만 해도 휴대폰과 컴퓨터 정도였던 것이 인터넷의 출현으로 자라나는 손자녀들과 대화가 되지 않을 지경이 되었다.

정보통신부와 한국인터넷진흥원이 실시한 "2007년 상반기 정보화 실태조사" 결과에 따르면, 50대의 45.6%, 60대 이상은 17.4%가 인터넷을 이용하는 것으로 나타났다. 인터넷 사용의 주요 이유는 보다 빠른 최신 정보가 필요해서(36.2%), 원하는 정보를 바로 찾을 수 있어서(32.1%), 시대에 뒤떨어지지 않기 위해서(10.2%) 순이었고, 주로 사용하는 인터넷 용도로는 인터넷 뱅킹(24.2%)과 어학/교육 콘텐츠 서비스(24%), 인터넷 쇼핑(21.7%) 등으로 나타났다.

결과를 분석해 보면, 아직도 60대 이상의 인구는 80% 이상이 인터넷을 사용하지 않고 있는 것으로 나타난다. 종종 노인들 중에도 컴퓨터의 문서 편집 능력을 활용하여 자료를 보존하거나 정보를 만드는 일을 쉽게 할 수 있는 경우도 많다. 또한 인터넷을 능숙하게 사용할 줄 아는 사람은 이미 자신의 블로그나 카페를 운영하여 동호회 조직을 도우며, 메일과 메신저를 통해 친구들과 수다도 떨 수도 있다. 게임과 쇼핑에도 사용해 여가 생활의 일부로 활용하거나 심지어는 일자리를 가지고 있는 이들도 있다.

과거에 컴퓨터의 출현과 함께 컴퓨터를 사용할 줄 모르는 사람을 컴맹이라 하다가, 인터넷의 출현으로 인터넷을 사용할 줄 모르는 사람을 넷맹이라고 불렀다. 요즘에는 스마트 폰이 출현하면서 스마트 폰을 사용할 줄 모르는 사람을 스마트 폰 맹이라고 할 정도로 스마트 폰이 대세가 되는 시대가 되었다.

아이폰으로 부르는 스마트 폰의 등장과 함께 세상의 변화는 누구도 예측할 수 없을 만큼 빠르게 변화하고 있다. 셀 수도 없을 만큼 많은 어플리케이션이 쏟아져 나왔으며, 이로 인해 스마트 패드와 스마트 TV 등이 출현하고 있다. 젊은 세대들도 시대의 흐름에 뒤쳐지지 않기 위해 스마트 폰과 스마트 패드를 사용하는 방법을 배우는 데 많은 시간을 할애하고 있다. 심지어는 자동차까지 점점 첨단 전자 장비로 무장하고, 하이브리드나 전기 자동차로 바뀌어 가고 있어 기존의 자동차를 운전했던 사람들도 조작법을 배우지 않으면 사용하기가 곤란해지게 되었다.

이러한 IT 환경의 발달로 노인들이 점점 세상을 살아가는 데 어려움을 느끼게 되고, 이로 인해서 다른 세대와 대화가 되지 않거나 기기를 사용하지 못해서 사회로부터 격리될 수밖에 없게 된다. 실제로 노인들 중에는 스마트 폰을 주어도 제대로 사용할 줄 아는 사람이 거의 없고, 심지어는 끄고 켜는 것조차 못하는 분들이 많다. 따라서 IT기기들이 출현할 때마다 노인들은 사회로부터 소외될 수밖에 없다. 과학 기술의 발달은 결국 우리 생활의 모든 부분들을 더욱 빠르게 스마트화하기 때문에 노인들의 사회의 적응은 물론 생존도 힘들게 할 수도 있다. 그런데 다행스럽게도 노인복지관이나 노인 교육기관에서 노인들을 위하여 컴퓨터나 인터넷을 가르치는 곳이 많이 생겼다.앞으로 노인들이 변화하는 세상에서 생존하기 위해서는 노인복지관이나 지자체에서 어르신들을 위해 새롭게 나오고 있는 스마트 폰, 스마트 패드, 스마트 TV 등의 사용법을 가르쳐주어야 한다. 또한 노인 인구 증가에 따라 노인들이 쉽게 볼 수 있고 조작이 가능한 핸드폰과 같이 노인들의 신체적 특성을 고려하고 편리하게 사용할 수 있는 IT기기들이 출시될 것이다. 문제는 쉬운 IT기기가 나온다고 해서 아무나 사용할 수 있는 것은 아니라 사용법을 배우지 않으면 안 된다는 것이다. 따라서 새롭게 출시되는 IT기기들을 편리하게 사용할 수 있는 방법들을 교육시켜 줘야 한다. IT기기를 제대로 사용할 수 있을 때 노인들의 생활이 편리해지며, 새로운 정보를 획득하고 풍요로운 여가 생활을 보낼 수 있다.

우리나라는 현재 전 세계에서 가장 빠르게 고령화가 진행되고 있는 나라이다. 이제 인구 4명 중 1명이 65세 이상의 인구가 될 날이 머지않았다. 그럼에도 불구하고 대부분이 모른 체하거나 관심을 갖지 않고 있는 것이 있는데, 바로 노인의 성(性)문제이다. 노인 성문제는 아직까지도 다들 말하기를 불편해하지만 이미 노인의 성문제는 상당히 심각한 지경에 이르렀다. 노인 문제 또한 방치하면 사회 전체에 피해나 후유증이 큰데도 말이다.

한 통계에 따르면 남성 노인의 90%, 여성 노인의 30% 정도가 성기능을 유지하고 있다고 한다. 정상적 성생활이 가능하다는 뜻이다. 하지만 우리 사회의 뿌리 깊은 유교적 관념은 노인들은 성적 욕구가 없거나 성기능이 없는 것처럼 인식하게 하고 있다. 실제로 많은 노인들이 자신은 젊었을 때와 마찬가지로 성욕을 가진 사람이지만, 자식들이 미친 사람으로 취급할까봐 표현하기가 겁이 난다고 한다. 선진국의 경우 장애인이나 노인의 성문제에 국가나 지자체가 나설 정도로 적극적이지만 우리나라는 정부나 시민 모두 무관심하게 보고 있다.

CHAPTER 4

노화방지와

무병장수를
위한 노력

장수의
비밀

옛 사람들의 가장 큰 관심은 불로장생이었다. 불로초(不老草)를 구하려던 진시황 이야기가 아직까지도 사라지지 않는 것을 보면, 오래 살고자 하는 소망은 예나 지금이나 다를 바 없는 듯하다. 옛날에는 생활이 힘들고 음식이 충분하지 않아 병들고 일찍 죽는 것이 흔한 일이었으므로, 건강하게 오래 산다는 것은 이미 그 자체가 개인의 건강뿐 아니라 그에 따르는 사회적인 지위나 문화적인 수준 등 삶의 질을 나타내주는 말이었다.

아직도 생명을 연장시키는 기술이나 약이 나왔다고 하면 귀가 솔깃해지고 은근히 마음이 쏠리는 것도 불로장수를 바라는 소망이 들어 있기 때문이다. 황우석 박사의 줄기세포 개발에 대한 관심이 높았던 이유도 이와 같은 이유 때문이었을 것이다.

　누구나 늙는 것은 피하고 싶지만, 사람이 이 세상에 태어나 언젠가 죽게 된다는 것은 모든 사람에게 공평하게 주어진 운명이다. 그러나 늙어 간다는 사실 자체는 서글픈 일로, 누구나 할 수만 있다면 피하고 싶을 것이다. 늙고 싶지 않다든지, 곱게 늙었으면 하는 바람 또한 모든 사람의 희망이기도 하다. 한때는 오래 사는 것이 행복한 것으로 인정받던 시대가 있었다. 그래서 "오래 사세요"라는 말이 노인들에 대한 인사였다. 그러나 요즘에 와서는 "99세까지 팔팔하게 사세요"가 인사가 되었다. 의학과 보건의 발달로 인류의 평균 수명은 지속적으로 늘어 가고 있고, 이 추세라면 대부분의 사람들이 99세까지 살 수는 있으나 문제는 99세까지 그냥 사는 것이 아니라 건강하고 '팔팔하게' 사는 것이 중요하다는 의미이다. 그렇다면 과연 인간의 수명은 얼마나 될 것인가? 인간의 수명이 얼마나 되는가 하는 논의는 예로부터 있어 왔다. 성경에는 인간의 수명이 120세로 나온다.

　최근에 놀라운 발표가 있었다. 그것은 스티븐 오스태드 텍사스 대학 교수가 "앞으로 20~30년 안에 인간 수명을 30% 정도 연장시키는 약이 개발돼 지금 살아 있는 사람 중 한 명이 첫 번째 '150세 기록'을 세운다"는 것이었다. 굳이 오스태드 교수의 예언이 아니더라도 이미 100세를 넘긴 사람들은 많아지고 있다. 그래서 요즘 의학자들은 세계 31개국의 기대수명이 80세를 넘는 가운데, 100세 이상 노인 인구가 급증하는 '호모 헌드레드'(Homo-Hundred) 시대가 열렸다고 한다.

지금까지 가장 오래 산 사람은 영국인 토마스 파(Thomas Parr_1438~1589)로 알려지고 있다. 152세까지 장수했던 그는 155cm의 키에 몸무게 53kg의 단신이었다고 한다. 그는 80세에 처음 결혼하여 1남 1녀를 두었고 122세에 재혼까지 했다. 그의 장수에 대한 소문이 파다하자 당시 영국 국왕이었던 찰스 1세가 그를 왕궁으로 초대하여 생일을 축하해 주었는데, 그때의 과식이 원인이 되어 2개월 후 사망했다고 한다. 유명한 화가 루벤스에게 그의 초상화를 그리게 했는데, 이 그림이 바로 유명한 위스키 'Old Parr'의 브랜드가 되어 오늘날까지 전해 내려오고 있다.

　　두 번째로 오래 산 사람은 출생증명서가 없어 기네스북에 오르지 못했지만, 네팔에서 141세를 일기로 숨진 비르 나라얀 차우다리 마즈히가 있다. 그가 태어날 당시만 해도 네팔에서는 출생증명서를 발급해 주는 제도가 아예 없었기 때문에 출생 일시를 증명할 길이 없어 가장 오래 살았지만 세계적 공인을 받지는 못했다. 그는 일생에 걸쳐 두 차례의 결혼을 통해 고손자까지 23명의 자손을 두었다.

　　기네스북에 등재되어 있는 최장수 타이틀은 124세에 생을 마친 프랑스의 잔 칼망(Calment·1875~1997) 할머니였다. 칼망 할머니는 85세에 펜싱을 배우고 100세까지 자전거를 타다가 110세에 요양원에 들어갔다. 117세까지 하루 두 대씩 담배도 피웠다. 이외에도 100살을 넘긴 사람은 수도 없이 많으며, 우리나라에서만 1,000명이 넘는다. 지금처럼 1년에 평균 0.5년 정도의 평균 수명이 증가하는 추세라면, 100세 시대를 맞는 것은 그리 오래 걸리지 않을 것이다.

실제로 고려대 통계학과 박유성 교수팀은 한국연구재단의 지원을 받아 통계청의 출생자·사망자·사망원인 통계(1997년 1월~2007년 12월)를 토대로, 의학 발달을 감안한 새로운 기대수명을 계산해보았다. 그 결과 한국인의 수명이 통계청 예측보다 훨씬 빨리, 더 길게 연장돼 보통 사람도 상당한 확률로 100세에 근접하는 '100세 시대'가 코앞에 다가온 것으로 나타났다.

그렇지만 우리 사회의 모든 제도·시스템과 국민 인식은 여전히 '80세 시대'에 머물러 있다. 연금·복지·보건·국가재정은 물론, 교육·취업·정 년제도, 개인의 재테크와 인생플랜이 모두 '60세에 은퇴해서 80세까지 사는 것'을 전제로 짜여 있다. 즉 '20대까지 배운 지식으로 50대까지 일 하고 60대 이후엔 할 일이 막막해지는' 체제다. 이것을 '평생 동안 끊임 없이 배우고, 가능한 한 오랫동안 건강하게 일하는' 체제로 바꿔야 행 복한 100세 시대를 맞을 수 있다. 우리가 어떻게 준비하고 대응하느냐 에 따라 '100세 쇼크'는 축복이 될 수도, 재앙이 될 수도 있는 것이다.

'과연 늙지 않는 것이 가능할까? 또, 수명을 연장하는 것이 가능할 까? 가능하다면 얼마나 연장할 수 있을까?' 이러한 질문에 대한 답변 은 장수촌의 비밀에서 찾을 수 있다. 세계적으로 유명한 8대 건강 장수 촌은 일본의 오키나와, 파키스탄의 훈자마을, 중국의 신장, 에콰도르의 빌카밤바, 불가리아의 소피아, 그루지아의 코카스, 중국의 위구루 마을, 스페인의 루드루 마을, 일본의 유즈리하라 지방을 꼽을 수 있다. 이들 장수촌의 공통적인 특징을 보면 다음과 같다.

- 활성산소(산소라디칼) 반응의 정도를 줄인다.

- 덜 먹는다.

- 항산화 성분이 많은 식품이나 항산화제를 먹는다.

- 지방이 적은 음식을 먹는다.

- 스트레스를 덜 받는다.

- 엔돌핀을 팍팍 생성시키는 웃는 마음, 기쁜 마음을 갖는다.

- 좋은 공기를 마신다.

- 좋은 물을 마신다.

- 가공되지 않은 순수 자연식품을 먹는다.

서울대 노화고령사회연구소장 박상철 교수가 의료인 4명, 식품영양 전문가 2명을 비롯하여 가족학·인류학·생태환경·사회복지·경제지리 팀으로 구성하여 장수에 대한 연구를 해본 결과 나온 것이 집짓기 모델이었다. 집짓기 모델은 장수는 마치 집 짓는 것과 같아서 유전자·성별·성격·사회문화·환경생태가 장수의 토대가 되며, 운동·영양·관계·참여가 장수의 기둥, 사회안전망·의료시혜·사회적 보호는 장수를 지원하는 지붕으로써 영향을 미친다는 것이다. 결국 장수는 한두 가지의 요인으로 인해 이루어지는 것이 아니라 사람을 둘러싼 환경적 요소, 영양적 요소, 제도적 요소 등이 다 어우러져 장수를 만드는 것이다. 또한 박상철 교수는 노화에 대한 건강 대비는 일찍부터 하면 좋지만, 늦게라도 대비하면 조금이라도 질적으로 나은 삶을 살 수 있다고 하였다.

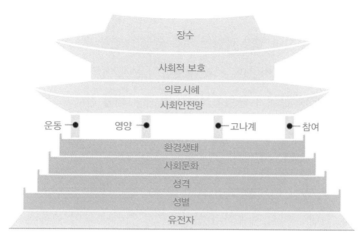

장수 집짓기 모델(Park's Temple Model for Longevity)

〈그림 9〉 장수 집짓기 모델

장수에 대한 비밀에는 이처럼 매우 다양한 요인들이 작용하고 있다. 지금까지의 장수의 비밀을 모아 건강하게 장수하는 방법을 보면 다음과 같이 요약할 수 있다.

정신적으로 건강해야 한다.

정신적으로 건강하다는 것은 스트레스를 느끼지 않고 하루하루의 생활에서 만족과 행복을 느끼는 것이다. 아무리 물질적 풍요로움이 보장된다고 해도 생활에서 만족과 행복을 느끼지 못하면 사는 것이 즐거울 수 없으며, 이로 인해 문제가 생기게 된다.

적당한 음식 섭취와 영양을 잘 유지해야 한다.

과거에는 음식이 부족하여 영양에 문제가 되었지만, 오늘날에는 음식을 과잉 섭취하여 영양 과다나 일부 영양이 편중되는 것이 문제가 되고 있다. 이로 인해 비만과 당뇨, 고혈압이 문제가 되고 있다. 따라서 적당히 먹되 영양 상태가 균형이 잡히도록 유지해야 한다.

운동은 필수다.

인류는 태어나면서부터 수렵, 이동, 농경을 통하여 운동하며 살아왔는데, 현대에 와서 자동화와 편리함으로 인해 운동이 부족해지고 있다. 운동이란 사람의 몸이 기능을 잘할 수 있도록 필요한 부분에 대하여 반복하여 신체 활동을 하는 것을 말한다. 따라서 지속적인 운동이 우리 신체의 기능을 유지하게 하고 오래 사용할 수 있게 해준다. 지속적인 운동은 건강뿐 아니라 만족감, 동기, 자신감, 식이와 영양에도 직접적인 영향을 준다.

장기
교환

지금까지의 의료계에서 병을 고치고 노화를 줄여주는 부분이 주 관심사였다면, 앞으로는 장기를 교환하는 것이 의료계의 관심사가 될 것이다. 우리 신체는 언제까지나 무한대로 치료를 할 수 있는 것이 아니라 수명을 가지고 있고 질병에 걸리기도 하므로, 자동차의 소모품처럼 장기도 바꾸어 주어야 한다. 장기를 바꾸는 방법은 인공장기와 장기이식 등이 있다.

인공장기

인공장기는 장기의 기능을 대용시킬 목적으로 만들어진 장치를 말한다. 인공장기는 장기의 기능을 대신할 인공의 기기를 생체 내에 설치하여 성공적으로 그 기능을 유지하게 하는 데에 목적을 가지고 있다. 그러나 인공장기가 아무리 자연적인 장기와 똑같이 완전한 기능을 갖게 하여도 생체 내에 장치하여 장기간 사용할 수 있는 인공장기를 만든다는 것은 기술적인 면에서 결코 쉬운 일이 아니다. 지금처럼 획기적으로 과학 기술이 발달한다면, 머지않아 환자에게 적합한 인공장기 생산도 가능하리라 예상된다. 인공장기의 종류와 만드는 방법은 오늘날 과학 기술의 발달에 의해 더욱 다양해지고 있다.

①인공심장: 인공심장은 최근 고분자로 만들어진 판막이 등장했는데, 기존의 기계식판막과 조직판막에 비해 저렴하고 원하는 모양을 자유자재로 만들 수 있으며 안정성도 높아지고 있다.
②인공심폐: 일시적으로 심장과 폐의 기능을 대행시켜 심장을 휴지 상태에 둘 수 있는 장치로, 심장 수술을 하기 위해 사용한다.
③인공혈관: 동맥·정맥의 인조 대용품으로, 심장이 제대로 기능을 하지 못해 새 혈관으로 우회로를 만들 때나 혈관이 심하게 막힌 경우

에 필수적이다.

④인공신장: 몸 밖에서 혈액을 투석하는 것으로, 신장의 기능을 대신한다.

⑤인공관절: 외상·병·수술 등으로 인하여 운동부전(運動不全)이 된 관절에 사용한다.

⑥인공망막: 안구 속에 나노 단위의 미세한 실리콘칩을 넣은 인공망막시스 템을 이용해 시력을 잃은 사람들이 눈을 뜰 수 있는 기술이 등 장하고 있다.

⑦인공달팽이관: 청각 장애인의 청각을 복원해 줄 수 있도록 인공 달팽이관 을 성공적으로 시술하였다.

⑧임플란트: 인공이로, 잇몸에 나사를 박아서 치아를 고정한다.

⑨인공망막: 뇌로 영상 입력을 전달하는 신경 세포를 전기적으로 자극함으 로써 잃어버린 망막 세포의 기능을 대신한다.

장기이식

인체의 어떤 장기가 질병이나 외상, 또는 노화로 인해 손상되어 고 유의 기능을 상실하였을 때, 다른 사람의 정상 장기를 이식하여 정상 적인 사회생활로 복귀할 수 있다. 그러나 장기이식에는 장기를 구하는 일과 이식에 뒤따르는 거부반응에 대한 기술적인 문제뿐만 아니라 사체 장기를 구하는 데 따르는 뇌사판정 및 경제적·사회적·윤리적 문제 등 해결해야 할 난제들이 수반된다. 이상적인 인공장기가 개발된다면, 굳 이 장기이식은 필요 없게 될 것이다.

①자가이식: 자기 자신의 조직·장기의 위치를 옮기는 경우를 말한다. 자가이식은 옛날부터 행해졌으며, 주로 뼈나 피부를 사용한다. 그러나 자가이식은 재료의 양에 제한을 받게 되고, 특히 장기의 경우에는 의미가 없는 경우가 많다.

②동종이식: 타인의 것을 옮기는 경우를 말한다. 그러나 생물학적인 거부반응을 감안해야 하며 인도적·사회적 문제도 따른다. 일란성쌍생아에 있어서는 개체가 달라도 몸의 구성 단백질이 완전히 동일하기 때문에 거부반응은 일어나지 않는다.

③이종이식: 종류를 달리하는 동물로부터 옮기는 경우를 말한다. 오래전에 양의 혈액 수혈이 시도된 시대도 있었지만, 근년에는 각막(角膜)·뼈·혈관 등의 이식이 연구되었다. 그러나 두드러진 진전은 기대되지 않고 있다.

줄기세포

줄기세포는 황우석 박사의 연구 발표로 이슈가 된 바도 있지만, 이미 유전 공학이 미래의 첨단 과학 산업으로 부각되는 가운데 줄기세포 연구에 대한 관심이 높다.

그렇다면 줄기세포는 무엇일까? 줄기세포에 대해서 알려면 우선 세포의 종류에 대해서 알아봐야 한다. 하나의 사람이 태어나기 위해서는 우선 정자와 난자의 수정이 이루어지고, 이러한 수정란이 계속적인 세포 분열을 통하여 각 세포의 구조와 기능이 점점 변해간다. 마침내 생명체가 완성되어 가는 도중에 각 세포들의 운명이 결정된다. 즉 피부세포, 간세포, 뇌세포, 심장세포 등으로 각 세포마다 고유한 생김새와 기능이 정해진다.

일반적으로 각 세포들은 한 번 운명이 결정되면 다시는 바꿀 수가 없다. 그러나 어떤 세포는 아직도 다른 세포로 변할 수 있는 가능성을 갖는 세포도 일부 남아 있다. 이러한 다른 세포로 운명이 변해 갈 수 있거나 재생 가능한 세포를 줄기세포라고 한다.

피부에 상처가 나면 다시 세포 분열에 의해 상처가 아물고 상처난 부위가 새로운 세포로 채워지는 것을 볼 수 있다. 이것은 상처난 부위에 피부 줄기세포가 남아 있어 피부를 재생시켰기 때문이다. 간을 이식해 주어도 다시 재생하는 것은 간 줄기세포가 존재하기 때문이다. 이처럼 특정 기관만 만드는 줄기세포를 성체줄기세포라고 한다. 성체줄기세포는 모든 조직으로 분화할 수는 없으나 정해진 장기나 조직으로는 분화할 수 있다. 따라서 줄기세포의 이러한 분화능력을 이용하여 손상된 조직을 재생하는 등의 치료에 응용하기 위한 연구가 성체줄기세포의 경우 1940년대 중반부터 진행되었다.

반면에 모든 세포를 다 만들 수 있는 만능 줄기세포인 배아줄기세포가 있다. 배아줄기세포를 미분화세포라고도 하는데 미분화 상태에서 적절한 조건을 맞춰주면 다양한 조직 세포로 분화할 수 있으므로 손상된 조직을 재생하는 등의 치료에 응용하기 위한 연구가 진행되고 있다.

일명 만능 세포로도 불리는 미분화세포는 현재까지 인류가 당면한 대부분 질병의 치료는 물론 장기의 훼손을 근원적으로 해결할 수 있는 유일한 해결책으로 떠올랐다. 과학자들이 제시하고 있는 줄기세포의 용도는 210가지의 장기 재생은 물론 지금까지 사람의 힘으로는 치료가 거의 불가능한 고질병이었던 파킨슨병, 각종 암, 당뇨병과 척수손상 등의 치료에 이르기까지 다양하다. 즉 줄기세포를 이용하면 인류는 지금까지 해결할 수 없었던 모든 질병을 치료할 수 있으며, 노화된 장기를 재생할 수 있으므로 무병장수는 물론 수명 연장까지 가능하다는 것이다.

줄기세포는 지금까지 인공장기나 장기이식과 달리 자신의 세포를 이용하므로 거부반응도 없으며, 효과도 탁월하기 때문에 줄기세포에 관한 연구는 상상만 해도 행복한 세상이 올 것만 같은 연구 분야이기도 하다. 인간의 생명 연장과 건강하고 행복한 삶에 대한 열망이 끊이지 않는 한 줄기세포에 관한 연구는 앞으로 더욱 발전하게 될 것이다. 지금도 미국, 유럽, 일본 등 선진 각국 연구진은 줄기세포를 이용한 연구에 전력을 쏟고 있으며 줄기세포를 이용하여 양이나 개를 복제해 내기도 하였다. 이러한 기술을 바탕으로 점차 인간의 장기나 세포를 배양하여 상품화를 앞두고 있는 것들도 있다.

현재 전 세계적으로 성체줄기세포를 이용한 임상시험은 수백 건이 넘는다. 국내에도 뇌와 척수 손상, 심근경색, 신경계 질환을 앓는 환자를 대상으로 줄기세포 치료 임상시험이 수십 건씩 진행되고 있다. 이미 상업 임상시험에 들어간 건도 10건이 넘고 있다. 물론 아직 임상적 효과가 증명된 줄기세포는 거의 없고, 진행중인 임상시험이 모두 상업화로 간다는 보장도 없다. 하지만 최근 줄기세포에 관한 소식을 들으며 '꿈의 치료제'의 실현 가능성이 조금씩 보이는 느낌이다.

이제 머지않아 인간들은 줄기세포 연구를 통하여 지금까지 풀지 못했던 노화의 원인은 물론 노화를 방지하고 수명을 늘리는 일이 쉬워질 것이다. 그러나 궁극적인 줄기세포 치료법을 개발하기 위해서는 종교적, 생명-윤리적 문제를 최소화하면서 환자에 대한 면역 거부반응 없이 효율적으로 개인에게 알맞은 맞춤형 줄기세포를 확립하는 것이 오랜 숙원으로 남아 있다.

운동
요법

노화 방지를 위해서 가장 좋은 것은 운동이라도 해도 과언이 아니다. 사람이 운동을 하게 되면 몸을 이롭게 하는 성장호르몬과 남성호르몬 분비가 증가하고, 면역 기능, 근력과 근지구력이 좋아지고 성인병의 위험을 줄여주며 뇌의 노화를 막아 준다. 또한 성인병의 근원인 비만을 줄일 수 있도록 체중 조절에 도움이 되며, 스트레스와 같이 우울한 기분이 사라지고 자신감이 생긴다. 뿐만 아니라 성기능 향상, 골다공증 예방, 숙면을 취하게 해 주고 활성 산소를 제거하는 능력이 좋아져 노화를 방지한다.

운동 요법을 위해서는 과격한 운동보다는 유산소 운동과 근육 운동(웨이트 트레이닝), 균형 훈련, 스트레칭 등을 적절히 배분하여 하는 것이 좋다. 운동량은 지속적으로 하루 20분 이상, 일주일에 5회 이상하는 것이 좋다.

　사람의 몸은 운동이 필요하다. 운동은 나이에 맞아야 한다. 동작 자체가 우리를 건강하게 해주는 것이 아니라 우리 조직에 대한 그 작용이 우리 몸을 건강하게 해주는 것이다. 운동은 안티에이징 약(Anti-Aging Pille)을 먹는 것과 같다. 계속적으로 움직이지 않으면 늙게 된다. 육체적인 스트레스와 관리 사이의 수위를 잘 파악하여 유해 산소를 제거할 수 있도록 영양 섭취를 조절하고 호르몬적인 면을 조절하여 건강 상태를 잘 유지할 수 있도록 해야 한다. 특히 40~70대에게는 신체적인 안티에이징 대책이 필요하다. 잘 조절하면 산소 흡수량과 근육 대사량의 측정치가(Biomarker) 50%까지 좋아질 수 있음을 비교 연구에서 보여주고 있다.

　운동이란 앉아있는 것의 반대라는 것만 기억하면 된다. 우리가 자동차나 텔레비전 또는 컴퓨터 앞에서 앉아서 보내는 시간이 매일 4시간 이상이면 건강이 위험한 상태이다. 좌식 생활 형태는 비만, 고혈압, 심장 혈관 질환, 뇌졸중, 그리고 당뇨를 포함한 대사 질환, 척추 질환, 뼈의 골다공증 등과 연관되어 있다.

　아무리 약효가 좋은 영양제도 운동을 대신할 수 없다. 규칙적인 신체 활동은 수명 단축의 위험을 줄여주고 장암이 걸리지 않도록 보호해주며 우울증이나 불안상태에서 지켜주고 뼈나 근육, 힘줄 등의 건강을 증진시킨다. 또한 운동은 정신건강적인 효과도 탁월하다. 신체적 활동은 자존감을 높이고 기분을 좋게 하여 스트레스나 우울증에서 멀어지도록 도와준다. 그밖에도 영국 보건당국은 광범위한 연구에서 성행위가 운동보다 더 좋다고 밝힌바 있다.

수명을 연장시키기 위한 운동 요법은 어떤 것이 딱 좋다고 한마디로 정의하기란 매우 어려운 일이다. 일반적인 운동과 달리 수명을 연장시키는 치료로서의 운동은 신체의 기능을 유지거나 노화를 예방하는 차원에서 이루어진다. 수명을 연장하는 손쉽게 할 수 있는 운동을 보면 다음과 같다.

스트레칭

스트레칭은 신체 부위의 근육이나, 건, 인대 등을 늘여주는 운동으로 관절의 가동범위 증가, 유연성 유지 및 향상, 상해 예방 등의 도움이 된다. 스트레칭의 일반적인 원리는 근육의 길이를 확장하여 자연 상태보다 근육을 늘여주는 것이며, 유연성의 향상을 위해서는 근육을 정상의 길이보다 약 10% 이상 늘려야 한다. 가장 쉬운 스트레칭은 몸과 팔다리를 쭉 펴는 것을 말한다. 가장 올바른 스트레칭 시간은 90초 이상이라는 의견이 지배적이다. 그러나 무리하게 근육을 스트레칭 해서는 안 된다. 자칫 인대가 늘어나거나 오히려 근육이 경직되는 부작용을 가져오기 때문이다. 또한 관절의 움직임이 과도하게 증가된 환자, 부종, 염증, 혈종, 외상, 골절이 있는 환자는 스트레칭을 하면 안 된다.

근력 강화 운동

근력 강화 운동은 주로 근력을 강화시키는 목적으로 시행하는 운동이다. 근력 운동 중 가장 기본이 되는 운동 형태로 별다른 중량 도구를 사용하지 않고 오로지 자신의 체중만을 활용한 근력 운동이다. 예를 들어 안았다 일어서기, 발 바꾸어 앉았다 일어서기, 팔굽혀 펴기 등이 이에 속한다. 이러한 운동들은 자신의 체중만을 부하로 이용해 인체의 최대 관절 가동범위를 운동할 수 있다. 근력 운동은 휘트니스센터나 공원에 있는 근력 단련기구를 이용하는 것도 좋은 방법이다.

항산화제
요법

모든 생물은 호흡을 하는데 호흡은 산소를 들이마시고 이산화탄소를 내보내는 가스교환을 통하여 생물들이 유기물을 분해하여 생활에 필요한 에너지를 만드는 작용을 말한다. 호흡하는 과정에 우리 몸에 들어온 산소는 혈관을 깨끗하게 하여 혈액순환을 원활하게 해 줌으로 세포의 노화를 막아 준다. 그러나 몸속으로 들어온 산소가 산화과정에 이용되면서 여러 대사과정에서 산화력이 강한 활성산소가 생긴다. 활성산소는 우리 몸속에서 대사 과정에서 자연적으로 발생하기도 하지만 심한 운동이나 스트레스, 자외선, 세균침투에 의해서도 나타난다.

활성산소는 호흡할 때 들어온 산소와는 완전히 다르게 불안정한 상태에 있는 산소로 적당량이 체내 존재할 때에는 각종 세균이나 이물질 등으로부터 신체를 지키는 역할을 하지만 과다로 발생하였을 때에는 정상세포까지 무차별적으로 공격하여 각종 질병과 노화의 주범이 된다.

활성산소가 많아지면 사람 몸속에서 산화작용을 일으켜 생체조직을 공격하고 세포를 손상시켜 세포막, DNA, 그 외의 모든 세포 구조가 손상당하고 손상의 범위에 따라 세포가 기능을 잃거나 변질시켜 노화를 촉진하는 물질이기도 하다. 이러한 활성산소는 젊을 때는 자연적으로 밖으로 배출되는데 나이가 들수록 활성산소가 우리 몸에 쌓이면서 문제가 된다. 활성산소가 많아지면 몸속의 여러 아미노산을 산화시켜 단백질의 기능 저하와 함께 혈액순환장애, 스트레스가 생기며 생리적 기능이 저하되어 각종 질병과 노화의 원인이 되기도 한다.

현대인의 질병 중 약 90%가 활성산소와 관련이 있다고 알려져 있으며, 구체적으로 그러한 질병에는 암·동맥경화증·당뇨병·뇌졸중·심근경색증·간염·신장염·아토피·파킨슨병, 자외선과 방사선에 의한 질병 등이 있다. 따라서 이러한 질병에 걸리지 않으려면 몸속의 활성산소를 제거해 주면 된다. 활성산소를 줄이기 위해서는 가벼운 운동과 함께 스트레스를 받지 받아야 하며, 항산화제가 들어 있는 음식이나 약제를 통해서도 해결할 수 있다.

원래 항산화제는 공기 중의 산소에 의한 식품성분의 산화과정에서 생기는 유리기나 과산화물에 작용하여 산화의 연쇄반응을 중단하고, 산화의 진행을 방지하며, 식품의 변질, 즉 유지의 산패에 의한 이미, 이취, 변색, 독성 발현을 방지해 주는 물질이다.

항산화제는 몸의 질병을 유발시키고 노화를 촉진시키는 활성산소를 막아 준다. 항산화제는 인체에 자연적으로 존재하기도 하지만 외부에서 보조를 받을 수도 있다. 항산화제로는 비타민C, 비타민E, 베타카로틴, 라이코펜, coenzyme Q-10, 셀레늄, 크롬, 마그네슘, 오메가-3 지방산, 스마트브레인, 글루코사민 등이 있다. 외부에서 보조를 받을 수 있는 항산화제로는 당근에 많이 들어 있는 베타카로틴, 적포도주에 많이 들어 있는 폴리페놀, 딸기와 레몬에 들어 있는 비타민C, 양파에 들어 있는 켈세틴, 각종 해산물 및 곡류에 들어 있는 셀레늄 등이 있다. 활성산소가 많이 들어 있는 식품을 보면 다음과 같다.

블루베리

블루베리는 안토시아닌 색소가 많은데 안토시아닌은 노화방지와 피부미용에 도움을 준다. 게다가 폴리페놀의 함량도 높아 콜레스테롤 수치를 낮추는 효과가 있다.

토마토

토마토는 항산화 물질인 라이코펜 성분이 가장 많은 식품이다. 라이코펜 성분은 몸 안에 들어 있는 활성산소를 몸 밖으로 배출하는 데 효과가 큰 것으로 알려져 있다.

브로콜리

브로콜리에 들어 있는 설포라판이라는 성분은 염증해소와 항산화 작용을 하고, 비타민C도 풍부해 면역력을 강화해 준다.

당근

당근은 베타카로틴이 많이 들어 있으며, 칼슘과 마그네슘이 풍부해 치아를 튼튼하게 하고, 심혈관 질환의 예방을 한다.

ANTI-AGING

안티에이징(anti-aging)은 '반대하는'이라는 'anti'와 '노화'라는 'aging'의 합성어로 '노화 방지' 또는 '항노화'라는 뜻을 갖고 있으며, 넓게는 노화방지용 화장품류를 말하기도 한다. 결국 안티에이징이란, 말 그대로 나이 먹는 것을 막거나 늦추는 것을 말한다. 안티에이징을 업으로 삼는 곳에서는 나이가 들어서도 피부나 신체 건강을 건강하게 유지하게 해주는 서비스로 인식하고 있다.

CHAPTER 5

몸의 노화를 방지하는

안티에이징 치료

안티에이징
검사

인간은 오래전부터 무병장수를 꿈꾸어 왔기 때문에 가능한 한 생물
학적인 노화를 늦추고, 나이가 들어서도 젊게 보이고 싶은 욕구를 가지
고 있다. 이러한 욕구를 해결하기 위해 안티에이징은 인간의 생명을 연
장하고 노화를 방지하는 것을 목표로 하고 있다.

안티에이징의 7가지 중요 요소

| 생활방식 | 균형잡힌 식단 | 운동 | 영양보충 | 호르몬치료 | 정신건강 | 심미적 치료 |

검사에 의한 개별 진단

〈그림 10〉 안티에이징의 7가지 중요 요소

노화는 누구에게나 예외가 없다. 이것은 생체 내에서 지속적으로 진행되는 변화이고, 생명체 고유의 내재적 변화에 따라 초래되는 현상이다. 노화에 따른 변화는 대부분 기능 저하를 동반하는 형태적 변화 현상이라는 것이다. 그런데 정상적으로 나이를 먹어감에 노화가 이루어지기도 하지만 병에 걸리면서 노화가 급속하게 이루어지기도 한다. 실제로 당뇨병이나 관절염은 유전이나 생활양식에 기인하여 이루어지는 질병에 의한 노화이다. 노화는 한 번 진행되면 멈추거나 다시 돌이킬 수 없다는 것이 지금까지의 연구 결과이다. 그러나 인간의 욕심으로 젊음을 유지하기 위해 노화를 예방하고 멈추기 위해 다양한 방법들을 개발하고 있다. 이에 따라 각종 노화를 막기 위한 안티에이징 산업이 활성화되고 있다.

안티에이징은 1990년 미국에서 장수의학(Longevity Medicine)과 함께 시작된 새로운 의학 분야이다. 안티에이징 치료법에는 우선 노화의 원인들을 해결할 수 있는 치료 방법들이 있다. 노화 원인에 관한 학설로는 마모 이론(Wear&tear theory), 신경 호르몬 이론(Neuro-Endocrine theory), 활성산소 이론(Free Radical Theory), 텔로머레이즈 이론(Telomerase Theory), 유전자 장애설 등 많은 학설이 존재한다. 이러한 노화 원인을 해결하기 위한 방법으로는 주로 노화를 방지하기 위한 생활방식 개선, 호르몬 분비 감소에 의한 호르몬 보충요법, 활성산소 부족으로 노폐물이 축적되는 것을 막기 위한 항산화 물질 보충요법, 면역기능이 떨어지는 것을 보완하기 위한 면역강화요법 등이 주목을 받고 있다.

안티에이징이 처음 나올 때만 해도 치매나 기억력 훈련 같은 노화

질환의 치료를 위해 시작하였다. 그러나 현재는 호르몬 치료, 식습관 및 생활방식, 운동, 피부 미용, 성형, 정신건강 분야까지 다양하게 적용되고 있다. 따라서 안티에이징은 내과, 정형외과, 안과, 피부과 등 의학 분야 외에도 영양학, 대체식량 산업, 화장품 산업 등을 포함하고 있다.

안티에이징 치료를 위해서는 먼저 안티에이징 검사를 통해 개인의 체질에 맞게 치료방법이 적용되어야 한다. 사람마나 노화의 진행 정도와 노화의 원인 중 가장 영향을 받는 원인이 다르기 때문에 안티에이징 검사를 통해 정확한 노화의 진행 정도와 노화의 원인을 확인할 수 있다. 이렇게 검사를 통해 정확한 원인을 발견하면 다양한 사람의 체질에 맞는 치료를 할 수 있다.

안티에이징 검사에서는 몸과 장기의 상태, 노화의 진행 정도, 질병의 진행 정도, 건강상태 등을 종합적으로 판단하기 위해 다음과 같은 검사를 진행한다.

- 전반적인 신체의 건강 상태 검사
- 피부 탄력성 검사
- 흉부엑스선 검사
- 심전도 검사
- 비만도 검사
- 신체나이 측정 검사
- 시각 능력 검사 및 안저, 안압검사
- 청각 능력 검사

- 미각 능력 검사

- 후각 능력 검사

- 혈액 건강도 및 동맥경화 검사

- 위내시경 혹은 위장 촬영 검사

- 대장 내시경 혹은 대장 촬영검사

- 각종 소화기 질환 및 암을 위한 복부 초음파 검사

- 각종 암 표지자 검사(CEA, PSA, CA125, AFP)

- 골다공증의 선별검사

- 호르몬 측정(IGF1, L-dopa stimulation test, FSH, E2, Testosterone, SHBG, DHEAS, T3, FT4, TSH) 검사

- 산화스트레스 측정

- 부인과 질환 및 골반 초음파 검사

- 전립선 질환 및 전립선 초음파 검사

- 자궁경부암 검사

- 유방촬영 및 초음파 검사

안티에이징
치료 프로그램

안티에이징 검사가 다양하듯이 사람의 체질이나 검사 결과에 따라 치료 방법도 다양하다. 안티에이징 프로그램이란 말 그대로 나이가 들어

서도 피부나 신체를 건강하게 유지하게 해주는 치료 및 요법을 말한다.

안티에이징 프로그램에는 호르몬 프로그램, 항산화제 프로그램, 피부노화 방지 프로그램, 식이요법 및 영양지도를 이용하는 맞춤영양 프로그램, 스트레스 억제 프로그램, 운동 요법 프로그램이 있다. 안티에이징 프로그램은 사람의 체질이나 검사 결과에 따라서 개별적으로 적용하기도 하지만 복수의 방법을 동시에 진행하기도 한다.

▶호르몬 프로그램

호르몬 프로그램은 노화에 영향을 끼치는 많은 요인들 중 호르몬의 분비가 제대로 이루어지지 않아 노화가 발생하는 사람을 대상으로 성장호르몬을 포함한 각종 호르몬을 보충해주는 프로그램을 말한다.

호르몬 프로그램에 사용되는 호르몬에는 디에치이에이(DHEA), 멜라토닌(Melatonin), 성장호르몬, 성호르몬, 갑상선호르몬 등이 있는데, 이 호르몬들은 노화의 속도를 늦추는 데 중요한 역할을 하는 것으로 보고되고 있다. 따라서 호르몬 프로그램은 사람에 따라 부족한 호르몬 결핍을 교정하고 개개인에 적합한 호르몬을 투약하여 노화를 막는 방법이다.

▶항산화제 프로그램

항산화제 프로그램은 우리 몸의 대사활동으로 인해 생기는 활성산소를 제거하여 노화 억제 효과를 보려는 프로그램을 말한다. 항산화제로 사용하는 것은 레티놀, 베타카로틴, 아스코르빈산, 천연 토코페롤 등이 있다. 이러한 항산화제는 우리가 먹는 식품으로도 공급할 수 있지만 약제로도 가능하다. 하지만 항산화제 투여는 만병통치약은 아니므로 이미 지병으로 다른 치료를 받고 있는 사람은 기존의 치료를 계속하면서 주치의의 자문을 받아 항산화제를 보충해야 한다.

▸피부노화 방지 프로그램

피부노화 방지 프로그램은 노화된 피부를 제거하여 노화를 억제하려는 프로그램이다. 피부가 노화되면 피부 표면의 각질층이 젊은 피부에 비해 상대적으로 두터워져 있으므로, 피부가 거칠거나 주름이 진다. 각질층은 스킨스케일링으로 표피 상부를 녹여내는 얕은 박피술을 반복적으로 시행하여 해결할 수 있다. 스킨스케일링은 잔주름까지 제거할 수 있으며, 영양성분의 흡수력을 높을 수 있다. 또한 다양한 스킨케어를 통해서 피부재생을 촉진하고 새로운 콜라겐 형성을 돕는다.

▸맞춤영양 프로그램

맞춤영양 프로그램은 노화 진행과 관련된 암 발생을 예방하기 위한 식단 및 각종 식물성 영양소를 강화한 식단을 맞춤식으로 짜주는 프로그램을 말한다. 또한 이 프로그램에서는 심혈관계 질환을 가진 사람들을 위한 심장혈관에 도움을 주는 영양소가 많이 들어 있는 식단을 추천하고, 올바른 식이 요법을 위한 가이드를 제시한다.

▸스트레스 억제 프로그램

스트레스 억제 프로그램은 만병의 근원인 스트레스를 억제해 주는 프로그램이다. 스트레스를 억제하기 위해서 스트레스 이완요법, 음악치료, 명상치료, 열치료를 통해 자율신경계를 조절하여 두뇌로 가는 산소량을 증가시켜 스트레스를 없애준다.

▶운동 프로그램

운동 프로그램은 젊음과 장수를 유지하기 위해 개인별로 운동을 처방해주는 프로그램이다. 운동 요법은 각 개개인에 맞는 1:1 맞춤 진단을 통해 건강하고 탄력 있는 젊음을 유지해 준다.

피부의 젊음을 유지하는
화장품

노년 성형은 한 번 시술하면 오랫동안 유지 되고 자기만족도가 높은 편이나, 경제적으로 여유가 있어야 가능하다는 단점을 가지고 있다. 또한 성형은 병원을 찾아가야 해결되기에 번거로운 일이 될 수 있다. 따라서 생활 속에서 피부를 관리하려는 노인들은 피부의 노화 예방을 위한 기능성 화장품에 많은 관심을 가지고 있다. 그러나 화장품 업계에서는 노년층의 화장품을 만들지 않아 노인들은 주로 중년층을 겨냥한 제품을 사용하고 있다. 그나마 최근 들어 피부를 아름답게 가꾸려는 노인들이 증가함에 따라 중소업체에서 새롭게 노년층을 위한 화장품을 출시하고 있다.

노인들의 노화로 인해 생기는 주요 고민은 주로 깊어지는 주름, 건조해지고 탄력을 잃어 늘어나고 처지는 피부, 흰머리, 검버섯, 윤기를 잃어 가는 피부 등 문제인 것으로 나타났다. 통계자료를 보면 이러한 피부 노화 문제를 해결하기 위해 노인 인구의 35%가 기능성 화장품을 사용하고 있는 것으로 나타났다. 가장 많이 사용되는 제품을 보면 주름 개선제, 자외선 차단제, 미백 제품 등을 가장 많이 이용하는 것으로 조사됐다. 그러나 아직까지 노인만을 위한 전용 화장품은 초기 단계라고 할 수 있다. 노인 화장품으로 인기가 높은 것은 주름을 줄여주거나 방지하는 링클 케어, 미백 효과가 높은 화이트닝, 피부재생이 가능한 기능성 제품들이다. 노인 화장품 분야는 비록 초기 단계이는 하나 최근 외모에 관심을 갖는 시니어가 부쩍 늘어나면서 시장 전망이 밝다고 할 수 있다.

노인 화장품이 국내에서 성공적으로 정착하기 위해서는 아직까지 많은 과제들이 산적해 있다. 첫째, 대부분의 소비자들이 품질이나 기능보다는 유명 브랜드 제품이 좋다는 고정관념이 노인 화장품을 외면하고 있다. 둘째, 노인 화장품이라고 하면 노인 전용이라는 이미지가 강해 소비자들 스스로 노인이라는 것을 인정해야 하기 때문에 구매가 쉽지 않다는 것이다. 결국 대기업에서도 이러한 현상을 충분히 인식하고 있기 때문에 가만히 놓아두어도 잘 판매되는데, 굳이 판매되지 않을 노인 화장품을 만들 필요가 없는 것이다.

일부에서는 이러한 문제로 인해 노인 화장품 시장 규모가 아무리 커져도 수요가 없는 시장이라고 하기도 한다. 그러나 일본에서 '시세이도'와 '가네보' 등 큰 회사에서 300여 가지의 노인 전용 화장품이 출시되고 있는 것을 보면, 우리나라도 시간이 지나 노인 인구가 증가하면 사회적인 인식이 바뀌어 노인 화장품은 분명히 유망한 분야가 될 수 있다.

노인 화장품 분야를 더욱 발전시키기 위해서는 노인 화장품이 있는지, 없는지도 모르는 경우가 많으므로 이에 대한 홍보가 우선되어야 한다. 그리고 지금까지의 유통 방법이 노인 용품점이나 요양원 등을 통한 주문, 그리고 일부 방문 판매 등에 국한돼 있어 판매 자체가 한계가 있기 때문에 다양한 경로로 판매가 이루어져야 한다.

그런데 굳이 노인 전용 화장품을 사용하지 않아도 얼마든지 노인들도 지속적인 관리와 건강한 생활 습관으로 탄력 있고 윤기 있는 피부를 만들 수 있다. 건조한 피부에 생기를 주고, 주름을 방지하며, 색소 침착을 예방하기 위한 노인 피부 관리요령은 다음과 같다.

- 목욕은 너무 자주하면 오히려 피부가 탄력을 잃게 되므로, 미지근한 물에 가볍게 하는 것이 좋다.
- 목욕 후에는 피부가 건조해지지 않도록 보습제를 바르거나 오일을 발라주는 것이 좋다.
- 옷과 침구류는 피부 자극이 없는 면 재질을 사용한다.
- 옷은 땀 흡수가 잘되는 제품으로 선택하고, 옷은 오래 입지 말고 자주 빨아서 입는다.
- 피부를 유연하게 하고 가려움을 막기 위해 크림제를 발라준다.
- 알코올 성분은 피부를 건조하게 하므로 알코올이 없는 제품을 사용한다.

- 중성 비누나 천연 비누를 사용해 피부의 부담을 줄여준다.
- 장시간 햇빛에 노출되지 않도록 하고, 자외선 차단제를 사용해 색소 침착을 예방한다.
- 자외선 노출 후에는 감자나 알로에로 마사지한다.
- 균형 잡힌 영양 섭취를 하고 비타민을 보충한다.
- 피부를 항상 청결히 유지하고, 화장은 깨끗하게 지운다.

비타민요법

비타민은 동물에게 있어서 필수적인 것으로, 소량으로써 성장발육과 정상 몸의 기능을 유지(항상성)시키는 화학적으로 무관한 유기 영양소 그룹이다. 비타민이란 말은 생명을 의미하는 Vita와 모든 비타민류에 할당된 이름인 amin에서 유래됐다. 비타민은 체내에서 충분한 양이 합성되지 않으므로 음식물을 통해 섭취해야 한다. 이는 미네랄과는 별개의 것으로, 에너지를 만들지는 않지만 생명 유지를 위해 반드시 필요한 영양소이다.

비타민은 체내에서 전혀 생성되지 않으므로 식사나 보충식품을 통해 필요량을 섭취해야 하는 것이 무엇보다 중요하다고 전문가들은 말한다. 특히 현대인들은 가공식품을 즐겨먹고 산업화로 인해 유해환경에 노출되어 있을 뿐만 아니라 과로, 스트레스, 편식 등으로 인해 비타민 요구량이 점점 늘어나고 있다.

흔히 비타민C가 피로회복제라고 알고 있는데, 비타민C의 효과는 항산화작용에 의거한 노화 방지 및 면역력 강화에 더욱 효과적이다. 따라서 비타민C를 많이 먹으면 노화 방지 및 면역력을 강화할 수 있다.

일반적으로 암을 죽이는 기존의 항암제들은 대부분 강한 독성을 가지고 있다. 강한 암세포를 공격해야 하기 때문이다. 환자들이 항암치료를 받는 동안 구토, 오심, 피로감, 백혈구 수치 감소 등의 부작용을 겪는 이유는 항암제가 암세포뿐만 아니라 정상세포도 공격하기 때문이다. 그래서 심한 경우 심장이나 간 등의 장기에 무리가 가는 경우도 있다. 이러한 항암제의 부작용을 줄일 수 있는 방법이 여러모로 연구되곤 있지만, 뚜렷한 방법은 없었다. 하지만 최근 고용량의 비타민C가 항암제의 고통을 줄일 수 있는 새로운 방법으로 급속히 떠오르고 있다. 비타민C는 유일한 부작용이 설사라서 아무리 많이 먹어도 신체에는 유해하지 않다는 것이다.

연구 결과에 따르면 고농축 비타민C는 항암제의 부작용을 낮추고 항암제가 암세포에 작용하는 것을 도와 항암치료효과를 높여 준다. 실제 임상에서 고농축 비타민C를 복용한 환자들의 생존기간이 늘어나고 통증 완화와 삶의 질이 개선되는 등 눈에 보이는 성과를 얻었다.

비타민C는 수용성 비타민이기 때문에 일일권장량(생존에 필요한 최소한의 양)을 섭취하면 일상생활에 도움이 된다. 하지만 노화 방지와 면역력 강화를 하려면 일일권장량 가지고는 턱도 없이 부족하므로 "Over Eating"하는 것을 메가비타민 요법이라고 한다.

메가비타민 요법은 라이너스 포올링에 의해 창안되고 발전하였다.

그는 비타민C를 하루 1~2g(오렌지 12~24개에 해당하는 양)을 먹으면 감기 예방과 치료는 물론 암 예방 효과가 있다고 주장하였다. 메가비타민 요법은 신체에서 자연스럽게 생성되는 생리물질의 생합성을 적극적으로 유도하기 위해 생리물질의 생합성에 필요한 원료인 영양물질만을 공급해 주는 것을 말한다.

메가비타민의 요법의 효과는 임신 중독, 임신 중 감기, 병중·병후 회복기, 헤르페스 감염, 영양불량, 체중 감소, 위장 관련 질환, 아토피 피부염, 신경염, 좌골신경통, 만성피로 증후군에 효과가 있는 것으로 알려져 있다.

물론 메가비타민 요법의 효과에 관해서는 아직도 논쟁중이지만, 일단 최근 네이처에 발표된 논문에 따르면 "유전자에 따라서 효과가 있을 수도 있고 효과가 없을 수도 있다"고 한다.

메가비타민 요법을 하는 방법은 먼저 비타민C의 유일한 부작용인 설사가 나오기 전까지 복용량을 늘리고, 점차 복용량을 늘려서 최대 1만 5,000~2만mg 정도까지 섭취하는 것이다. 2만mg를 한꺼번에 먹는 것은 무리가 따르기 때문에 1,000mg짜리 하나를 기준으로 가능한 여러 번 나눠서 섭취하는 것 좋지만, 보통 3시간당 3알씩 총 7회 섭취(아침, 중간, 점심, 중간, 저녁, 운동 직후, 자기 전)하면 된다.

항암치료에 있어서는 식품으로 비타민C를 섭취할 경우에는 항암에 영향을 줄만큼 충분한 양을 먹기 어렵고, 먹는다 하더라도 다 흡수되기 어렵다. 그리고 고용량의 비타민C를 복용하는 것은 암치료에 도움이 안 되는 것으로 밝혀졌다. 따라서 항암치료에서는 고농축 비타민C를 혈관에 직접 투여해야 한다. 현재 항암치료에 사용되는 방법은 '비타민C 고용량 주사요법'으로, 하루 섭취권장량보다 100~200배 이상 많은 양을 주사로 혈관에 직접 투여하는 방식이다. 항암치료를 받을 때 고용량 비타민C 주사요법을 병행하면, 항암제의 부작용을 상당수 줄일 수 있다. 특히 오심, 구토, 백혈구 수치가 떨어지는 것, 손발이 저리는 증상, 심한 피로감 등에 많은 도움이 된다.

태반
요법

태반이란 태아와 모체 사이에서 태아의 생존과 성장에 필요한 물질 교환을 매개하는 태아를 둘러싸고 있는 구조물이다. 태반은 모체의 자궁내막에 접착하여 형성된다. 수정란이 자궁에 착상한 후 영양아층을 형성하고, 이것이 양막을 형성한 후 장막으로 바뀌는데, 이 장막의 일부가 모체의 자궁내벽과 합쳐져 태반을 형성하는 것이다. 태반은 태아에게 필요한 가스 및 영양소 교환, 호르몬 분비 등의 기능을 한다.

태아는 태반을 통해 성장과 발육에 필요한 성분을 공급받고, 호흡하며, 노폐물을 되돌려주고 유해세균의 침입으로부터 보호받는다. 태반의 성분은 수십 종의 아미노산, 각종 활성 펩타이드, 비타민, 각종 미네랄, 수백 종 이상의 효소, 핵산 등으로 구성되어 있다. 또한 간세포 증식인자, 신경세포 증식인자, 상피세포 증식인자, 섬유아세포 증식인자, 콜로니 형성 자극인자, 인슐린양 성장인자, 형질전환 증식인자 등의 각종 성장인자와 면역기능에 작용하는 인터루킨을 포함하고 있어 사람의 건강에 도움이 될 것이라는 측면에서 여러 분야에 이용되고 있다. 이러한 이유로 『본초강목』(本草綱目)과 『동의보감』(東醫寶鑑) 등에서도 약제로 취급하였고, 서양에서도 기원전에 이미 의료용으로 사용하였다는 기록이 있다.

최근 높아지는 노화 방지에 대한 관심과 함께 태반 요법에 대한 관심이 급증하면서 주사제, 정제, 드링크, 연고, 화장품 등 다양한 제제들이 나와 태반요법 붐을 일으키고 있다. 일반적으로 태반 제제들은 간 기능 개선에서 면역력 증강 작용, 염증 억제 작용, 혈압 조절 작용, 조혈 작용, 갱년기 장애, 성기능 장애, 혈행 개선 작용, 피로 회복 작용, 정신 안정 작용 등 의료계 거의 모든 분야에 효과가 있는 것으로 광고되고 있다.

태반 요법은 태반을 원료로 하여 혈액과 호르몬을 제거하고, 단백질을 아미노산으로 완전히 분해한 태반 약제를 인체에 주사하는 것이다. 태반 주사는 갱년기를 맞은 여성들의 여성호르몬 활성을 높일 뿐만 아니라 여러 가지 면역성분이나 세포증식인자 등이 동시에 작용해서 자연치유력을 향상시켜 갱년기 장애의 증상을 신속하게 개선시켜 주는 것으로 알려져 있다. 그리고 노화를 일으키는 활성산소를 제거하고 전신세포의 활성화로 노화 속도를 늦추는 작용을 하는 것으로도 알려져 있다.

또한 태반 주사는 세포분열의 활성화로 피부신진대사를 촉진시켜 침착된 색소를 밀어내고 표피의 멜라닌색소를 각질화시켜 떼어냄으로써 기미 제거뿐 아니라 미백작용도 한다. 그리고 피부의 탄력을 유지하는 섬유아세포를 직접적으로 활성화시켜 피부를 촉촉하고 탄력 있게 만들어 잔주름도 개선시켜 주는 효과가 있다.

체내 혈류량을 증가시켜 영양분을 원활히 공급하는 데 도움이 되는 태반 주사는 축적된 노폐물의 배설도 촉진시키며, 간의 기능을 회복시켜 누적된 피로를 단시간에 해소시켜 준다. 또한 피부 보습작용 등이 복합되어 아토피성 피부염을 개선시켜 주며, 남녀의 성선자극호르몬을 조절해주어 성기능 개선에도 효과가 있다.

주사 기간은 개인에 따라 차이가 있지만, 보통 1주일에 2~3회씩 모두 8주 정도가 걸린다. 처음 4주는 초기요법이, 나머지 4주는 유지요법이 적용된다. 아직까지 태반 주사는 이처럼 다양한 효과가 있다고 알려져 있으며, 부작용이 거의 없는 것이 가장 큰 장점이다. 그러나 효능이 정확히 검증되지는 않았으며, 안전성에 대해서는 확실히 다시 생각해 봐야 한다.

현재 사용하는 태반은 산부인과에서 분만 후 수거되어 사용되는데, 산모의 건강 상태나 간염 바이러스, 후천성 면역 결핍 바이러스 등 전염성 질환의 감염 상태에 대한 정보가 전혀 없는 상태에서 유통되고 있는 실정이다. 소독 과정을 거친다고 하지만 수거, 생산, 유통 과정의 안전성에 관한 문제들에 대해서는 분명히 전문가들에 의한 평가가 필요하다.

면역주사
요법

면역주사 요법은 부족한 면역체계를 향상시키기 위해 인공적으로 면역체를 생산·증가해 주사로 투여하여 면역 기능을 높이는 치료법을 말한다. 면역주사 요법에는 다음과 같은 방법이 있다.

▶자세성 근육피로 증후군

똑같은 자세로 오랫동안 있으면 근육이 뭉치면서 자세성 근육피로 증후군이 생기게 된다. 특히 컴퓨터 작업을 오래 하거나 스마트 폰을 지나치게 많이 보면 목이 뻐근해지면서 어깨 결림, 요통, 두통, 다리근육통, 편두통이 생기고, 오후에 머리가 띵 하는 현상이 자주 나타난다. 이럴 때는 자세성 근육피로 주사를 맞으면 효과를 볼 수 있다.

▶운동 후 근육피로 증후군

운동을 심하게 하면 이로 인해 근육피로와 함께 기력 저하가 오는데, 이것이 심한 경우를 운동 후 근육피로 증후군이라고 한다. 또한 운동 후에 피로 회복이 더디거나 운동 후 근육에 쌓이는 피로물질이 빨리 회복되지 않아 통증과 근육피로가 심해지는 경우도 포함된다. 이때는 운동 후 근육피로 주사(일명 골프주사)를 맞으면 효과를 볼 수 있다.

▶노인성 체력저하 증후군

노인성 체력저하 증후군은 나이가 들어감에 따라 생기는 기력 저하 현상을 말한다. 노인성 체력저하 증후군의 증상은 예전보다 근력이 떨어지고, 피로 회복 기능이 저하되며, 체력이 약해지고, 체온이 떨어지고 추위를 잘 타는 것 등이다. 이때는 운동 후 노인성 기력회복 주사(일명 효도주사)를 맞으면 효과를 볼 수 있다.

▶여행피로 증후군

여행 중에는 잠자리가 바뀌고 음식이 바뀌며 평소보다 많은 활동을 하지만 즐겁기도 하고 긴장이 되어 피곤한 줄 모르고 다니게 된다. 그러나 막상 여행을 다녀와서는 긴장이 풀려 기력이 심하게 떨어지거나 피로 회복이 잘 안되거나 근육통이 생기거나 여행 후 면역력 저하로 인한 감기몸살을 앓는 경우가 있는데, 이것을 여행피로 증후군이라고 한다. 이때는 운동 후 여행피로 회복 주사(일명 여행주사)를 맞으면 효과를 볼 수 있다. 여행을 가기 전에도 기력이 부족한 사람들이나 시차 적응을 잘 못하는 사람들은 여행피로 회복 주사를 미리 맞는 것이 좋다.

▶혈액순환

평소에 손발이 차갑고 혈액순환이 안 좋은 경우, 자주 피로하고 기력이 저하되는 경우, 핑 도는 어지럼증이 있는 경우, 어지러움과 함께 멀미 증상이 있는 경우에는 혈액순환 주사를 맞는 것이 좋다.

▶집중력 향상

입시생이나 고시생들이 수면 부족으로 인한 피로 누적과 스트레스로 인한 집중력 및 기억력 저하 현상이 생기는 경우, 집중력 향상 주사(일명 수험생 합격 주사)를 맞는 것이 좋다.

▶숙취 해소

접대가 많은 직장인들 중 음주 후 숙취를 빠르게 해소하거나 점차 숙취가 심해지는 경우에는 숙취해소 주사를 맞는 것이 좋다. 숙취가 잘 풀리지 않는 경우는 지방간을 의심해보아야 한다. 음주 전에 체력보강을 위해서도 숙취해소 주사를 맞는 것이 좋다.

▶감기몸살

면역력이 약해서 감기에 자주 걸리는 경우나 감기증세가 심하고 약을 먹어도 치료가 잘 되지 않는 경우, 감기가 남들보다 증상이 심한 경우에는 감기몸살 영양주사를 맞는 것이 좋다.

▶저체온 산후풍

여성이 출산 후 통증이 심하거나 몸이 춥고 체온이 낮아 시리게 느끼는 증상, 심한 다이어트나 대수술을 받은 후 시리고 아픈 증상에는 저체온 산후풍 주사를 맞는 것이 좋다.

▶부신피로

심한 스트레스로 인해 부신기능이 저하되어 기력이 쉽게 빠지고, 두통과 근육통에 자주 시달리며, 저혈당 증세가 자주 생기고, 앉았다 일어날 때 어지럼증 심할 때는 부신피로 주사를 맞는 것이 좋다.

▶간 기능 개선

장에 가스가 잘 차고 변이 안 좋아서 장에 독소가 많으면, 간 해독에 문제 생긴다. 또한 점차 숙취가 심해지는 경우, 간수치가 높거나 지방간이 있는 경우, 간수치가 약간 높거나 지방간이 있는 경우, 평소에 변비나 설사가 자주 있는 경우, 자극적 음식에 설사나 가스가 잘 차는 경우에는 간 기능 개선 주사를 맞는 것이 좋다.

정맥영양주사
치료

정맥주사를 통해 개인의 상태와 필요에 따라서 영양소 주사들을 적절하게 혼합하여 정맥으로 주사하는 치료방법을 말한다. 정맥영양주사는 약 20여 종의 혼합이 가능한 영양소(비타민, 미네랄, 태반, 감초, 허브, 마늘주사 등)들을 잘 혼합하여 주사하는데, 환자와의 상담 및 진찰 또는 기능의학적 검사 결과에 따라 오랜 영양치료 경험을 가진 의사의 판단에 의해 영양소들의 종류가 결정된다.

정맥영양주사는 먹는 영양소에 비해 주사제를 혈관으로 바로 투여하여 세포 내에 쉽게 도달해서 작용하므로 치료 효과가 바로 나타난다. 정맥영양주사 치료가 필요한 경우는 다음과 같다.

- 만성피로에 시달리는 직장인
- 운동 전후 피로 회복이 필요한 경우
- 수면부족으로 피로 회복이 잘 안 되는 경우
- 음주 전후 빠른 회복을 원하는 경우
- 스트레스로 항상 피로를 느끼는 경우
- 여행 전후 빠른 피로회복을 원하는 경우
- 집중력 증가를 위한 수험생
- 시험 전후 빠른 회복을 위한 수험생
- 만성 근육통으로 고생하는 경우
- 항암치료 환자 중 면역력 증가를 원하는 경우
- 혈액순환이 안 되고 자주 어지러운 경우
- 노화방지 피부탄력 피부미백을 원하는 경우
- 빠른 숙취 해소가 필요한 경우
- 더 큰 성과를 원하는 운동선수
- 간 기능 개선이 필요하신 경우
- 부신기능 저하로 심한 만성피로를 느끼는 경우
- 노화에 의한 기력 저하가 있는 경우

호르몬은 우리 몸의 한 부분에서 분비되어 혈액을 타고 필요한 기관으로 이동하는 화학 물질을 말한다. 이렇게 분비된 호르몬은 서로 연락하며 상호 조절하는 화학적인 연락 물질로 신진 대사, 수면, 정신활동, 배고픔, 목마름, 충동, 성욕, 수정과 성장 등 중요한 작용들을 조절한다.

호르몬은 너무 많이 분비되거나 너무 적게 분비되면 문제가 생긴다. 예를 들어 성장 호르몬이 정상보다 많이 나오면 키가 커서 좋을 것 같지만 지나치면 너무 커서 거인이 되고, 정상보다 적게 나오면 키가 크지 않아 난쟁이가 된다.

CHAPTER 6

호르몬 치료를 통한

안티에이징

호르몬의
중요성

우리는 평상시에는 호르몬의 중요성을 의식하지 못한다. 그러다가 전체적 연결 상태에서 균형이 깨졌을 때 비로소 호르몬의 중요성을 깨닫게 된다. 예를 들어 갱년기 여성의 경우, 호르몬 결핍이 다른 조직에서는 잘 느끼지 못할 정도로 천천히 나타나지만, 월경이 멈춤으로써 가장 뚜렷이 나타나게 된다.

일반적으로 호르몬 분비샘의 활동력과 그에 따른 신체에 대한 영향력은 나이가 들어감에 따라 점점 약해진다. 빠르면 40대 이후부터 호르몬 분비에 이상이 나타나기 시작한다.

우리 몸에서 호르몬의 분비가 줄어들게 되면, 여러 가지 장애가 나타나게 된다. 안티에이징 의학 학회에서는 호르몬의 역할과 인생 후반기에 점점 소멸되는 호르몬 조절 물질에 대한 연구 결과가 계속해서 새로이 보고되고 있다. 연구 결과를 보면, 사람은 나이가 들수록 호르몬의 분비가 감소하거나 소멸하는 것으로 나타나고 있다.

노화 현상이 일어날 때 호르몬 치료를 하면, 부족한 호르몬을 공급하기 때문에 호르몬 결핍에 직접적인 효력이 있다. 따라서 건강한 몸을 유지하기 위해서는 우리 몸에 산소나 음식을 공급하는 것처럼 호르몬 공급이 필요하다. 독일, 오스트리아, 스위스에서는 의사들이 호르몬 투여로 치료를 하고 있는데, 상당한 효과를 보고 있다. 호르몬은 우리 몸에서 공급이 안 되면 외부에서 식품이나 약품으로 공급해 주면 된다. 호르몬 치료는 알약뿐만 아니라 크림, 젤, 패치 등 보다 간편한 방법이 발견되어 치료가 쉬워졌다. 또한 식물성 성분을 섭취하여 부족한 부분을 보충하는 방법도 있다. 이처럼 호르몬 치료는 외부에서 호르몬을 공급하여 호르몬의 균형을 다시 회복하는 것이다.

우리 몸의 장기마다 고유한 호르몬을 분비하는데, 그 종류는 다음과 같다.

〈표7〉 호르몬의 종류

구분	역할
프로락틴	임신을 했을 때 유방에서 젖을 만들도록 도와주고 성적 욕구를 감소시킨다.
성장 호르몬	몸의 성장을 촉진한다.
부신피질 자극 호르몬	남성에게는 정자의 형성을 자극하고 남성 호르몬을 만드는 데 관여한다. 여성의 경우에는 난자의 형성을 자극하고 정상적으로 생리를 하도록 한다.
항이뇨	몸 안에 수분이 부족할 때 신장에 작용하여 소변을 농축시키고

호르몬	소변의 양을 감소시킨다.
옥시토신	여성의 자궁 수축을 자극한다.
갑상샘 호르몬	유지와 신체 대사의 균형을 유지하는 데 중요한 역할을 담당한다.
파라토르몬	체액에서 칼슘 농도가 저하되면 부갑상선으로부터 분비되어 혈액 속 의 칼슘 농도를 증가시키는 작용을 한다.
칼시토닌	신장에 작용하여 혈중 칼슘 수치를 낮춰주는 역할을 한다.
부갑상샘 호르몬	뼈에 작용하여 칼슘의 흡수를 촉진하고, 비타민 D의 합성을 도와 혈중 칼슘 농도를 증가시킨다.
글루코코르 티코이드	스트레스나 자극에 대한 우리 몸의 대사와 면역 반응을 조절한다.
아드레날린	혈압, 혈액량, 전해질 조절에 관여한다.
글루카곤	혈당을 높인다.
인슐린	혈당을 낮춘다.
테스토스테론	남성의 생식기 발달과 이차성징의 발현에 관여한다.
에스트로겐	여성 생식기의 발달과 유방 발달과 같은 이차성징의 발현에 관여한다.

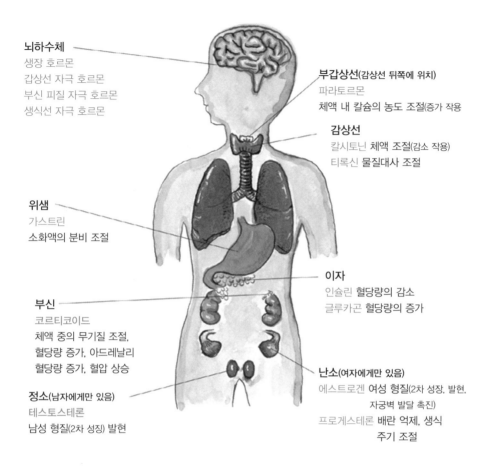

뇌하수체
생장 호르몬
갑상선 자극 호르몬
부신 피질 자극 호르몬
생식선 자극 호르몬

부갑상선(감상선 뒤쪽에 위치)
파라토르몬
체액 내 칼슘의 농도 조절(증가 작용)

감상선
칼시토닌 체액 조절(감소 작용)
티록신 물질대사 조절

위샘
가스트린
소화액의 분비 조절

이자
인슐린 혈당량의 감소
글루카곤 혈당량의 증가

부신
코르티코이드
체액 중의 무기질 조절,
혈당량 증가, 아드레날리
혈당량 증가, 혈압 상승

난소(여자에게만 있음)
에스트로겐 여성 형질(2차 성장, 발현,
자궁벽 발달 촉진)
프로게스테론 배란 억제, 생식
주기 조절

정소(남자에게만 있음)
테스토스테론
남성 형질(2차 성징) 발현

〈그림 11〉 호르몬의 종류와 분비 기관으로

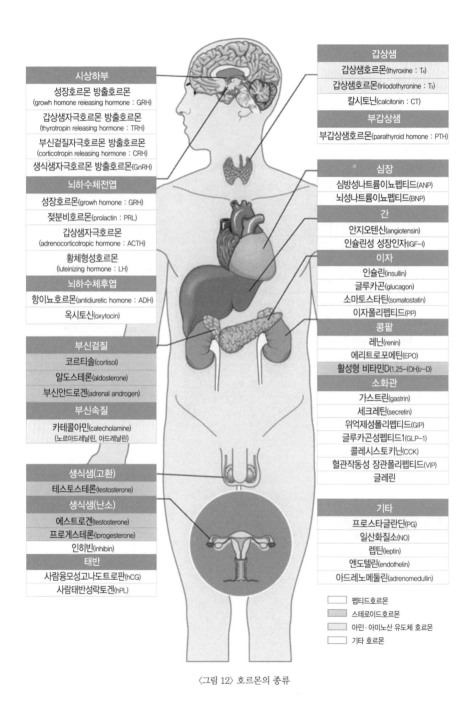

〈그림 12〉 호르몬의 종류

호르몬
치료법

호르몬이 부족해지면 우리 몸의 성장과 발달이나 대사 및 항상성을 유지하는 데 문제가 생기면서 건강을 잃게 되고, 최악의 경우에는 사망에 이르게 된다. 우리 몸에서는 이러한 문제를 해결하기 위해 호르몬 분비를 조절하는 기능이 있는데, 나이가 들수록 이러한 조절기능이 약해져 호르몬의 분비가 점점 줄어들게 된다.

호르몬 치료법은 여러 가지 호르몬을 투여하여 노화를 방지하는 치료법을 말한다. 나이가 들면서 호르몬 생성과 분비가 원활하지 못해 노화가 진행되는데, 부족한 호르몬을 주기적으로 투여함으로써 보충하면 노화를 방지할 수 있다.

▶폐경 증상의 완화

폐경기에 찾아오는 여성 갱년기에는 안면이 빨개지는 홍조증을 비롯해서 식은땀을 흘리고, 심장박동이 빨라지거나 불규칙하게 느껴지는 증상이 생기며, 깊은 잠을 자지 못하는 불면 현상과 괜히 우울해지는 우울증을 겪게 된다. 또한 식욕이 감퇴하며, 손과 발을 바늘로 찌르는 듯한 느낌 등의 증상에 시달리게 된다.

이때 호르몬을 투여하게 되면 안면 홍조, 발한, 가슴 두근거림 등의 혈관운동성 증상이 완화되며, 수면 장애 증상을 완화시켜 준다. 또한 괜한 우울감에서 벗어나게 해주며, 성 생활과 관련되어 발생하는 문제에도 도움을 주어 성적 만족도를 증가시킬 수 있다. 사람에 따라 치료에 대한 반응이 다양하게 나타날 수 있지만, 일반적으로 복용을 시작한 후 몇 주 이내에 증상이 호전된다.

▶비뇨 생식기의 증상 완화

여성 호르몬이 부족하여 비뇨 생식기의 위축이 발생하면 질 건조, 작열감, 성교시 통증, 재발성 질염 및 방광염, 빈뇨, 절박뇨 등의 문제가 발생하기 쉽다. 호르몬 대체요법은 이러한 증상들에 대해 예방 및 치료 효과가 있다.

▶골다공증의 예방 및 치료

나이가 들수록 에스트로겐이 감소하는데, 에스트로겐은 뼈의 흡수를 막아 주는 역할을 하기 때문에 이것이 부족하면 골다공증의 위험성이 증가한다. 이때 에스트로겐을 투여해 주면 골밀도를 증가시켜 골다공증을 예방하고, 골다공증으로 인해 발생하는 골절도 막을 수 있다. 미국 국립보건원의 연구에 따르면, 호르몬 요법은 척추 골절의 위험을 30% 이상 감소시키는 우수한 효과를 나타낸다고 한다.

▶암 예방

나이가 들수록 암 발생률이 높아진다. 우리나라에서 유방암의 발생률은 직장-대장암에 비해 높지만, 암으로 인한 사망은 직장-대장암의 경우가 유방암보다 더 많다. 유방암의 경우 관련된 호르몬을 투여하면,

암이 발생하는 것을 예방할 수 있다.

▸인지 기능 감소 예방

나이가 들수록 인지 기능인 기억력, 주의력, 언어능력, 학습능력 등이 떨어지는데, 호르몬을 투여하면 인지 기능 감소를 지연시킬 수 있다.

▸심혈관계 질환 예방

에스트로겐이 감소하면 갱년기가 시작되면서 심혈관계 질환도 많아지는데, 호르몬을 투여하면 심혈관계 질환을 예방하는 효과가 있다. 하지만 심혈관계 질환은 여성의 상태 및 연령 등에 따라 결과가 다르게 나타날 수 있다.

DHEA(Dehydroepiandrosteron) 치료법

DHEA는 뇌세포를 구성하는 성분으로, 두뇌가 갖는 본래의 기능을 정상화시킨다. 사람의 뇌에는 DHA라는 성분이 10% 정도 들어 있는데, 이 성분은 기억력과 학습능력을 향상시키는 작용을 하여 뇌의 기능을 좋게 한다. 따라서 DHEA를 많이 섭취하면 뇌의 작용이 원활해져 두뇌발달에 도움이 되고, 기억이나 학습능력을 좋게 하는 효과가 있다. 이 기능은 태아나 성장기 어린이, 노인들에게 같은 효과가 있어서 임산부가 생선을 많이 먹으면 머리 좋은 아기를 낳을 수 있고, 노인은 치매를 예방할 수 있다.

DHEA는 포화지방산으로 체내에서 충분히 합성되지 않아 음식물을 통해 섭취가 가능하다. DHEA는 주로 등푸른 생선에 많이 들어있는데, 모두 똑같은 양의 DHA가 들어있는 것은 아니다. 참치, 방어, 고등어, 꽁치, 장어, 정어리, 청어, 삼치, 가다랑이, 연어, 멸치, 뱅어 등 등푸른 생선에 주로 많이 들어있다. 그러나 등푸른 생선에만 있는 것은 아니고 참돔, 잉어, 가자미, 넙치, 대구, 농어, 날치 등 흰 살 생선에도 적은 양이지만 들어있다.

DHEA는 건강유지에 중요한 지방산으로, 신체 변화에 따르는 생리활성물질의 생성을 원활히 하고 두뇌 구성성분 및 콜레스테롤, 혈행 개선에 도움이 되는 건강보조식품이다.

DHEA는 호르몬은 아니지만, 인체에 필요한 호르몬으로 변화되는 호르몬 전 단계의 물질이다. 예를 들어 DHEA를 통해 남성호르몬인 테스토스테론과 여성호르몬인 에스트로겐이 만들어진다. DHEA는 출생 직후에는 인체 내에 존재하지 않다가 소아기부터 생산되기 시작하여 25세에 생산이 절정에 달한다. 이후 나이가 들면서 점차 줄어들어 80세가 넘으면 황금기에 비해 약 95% 정도가 소멸된다.

DHEA는 뇌를 구성하는 중요한 성분이기에 학습능력 향상 및 노화 방지에 효과가 있는 것으로 밝혀졌다. 이 밖에도 신체를 유해한 작용으로부터 보호해 주는 역할과 함께 체지방 감소, 당뇨, 면역체계 개선, 심장질환 및 골다공증 치료에도 효과가 있는 것으로 나타나고 있다.

따라서 우리 몸에 DHEA가 풍부하면 기억력, 혈관, 당뇨, 면역 시스템, 골다공증, 정신적 안정 등에 좋다.

▸스트레스 억제

우리 몸이 지속적인 스트레스를 받으면, 코티솔이라는 호르몬이 생겨 뇌의 생각과 집중을 하는 부분의 뇌세포를 손상시킨다. 따라서 스트레스를 받으면 기억력 감퇴와 정신적인 불안 상태가 생기게 되며, 무엇보다도 저장된 DHEA를 소모시키게 된다. 따라서 스트레스를 없애기 위해서는 DHEA를 많이 필요로 하게 된다. DHEA의 공급이 부족해지면 스트레스에 대항할 수 있는 호르몬이 생성되지 못하기 때문에 신체의 여러 곳에서 점차 이상이 생기게 된다.

▸비만 억제

DHEA는 근육의 양을 늘리고 지방이 연소되는 것을 촉진시켜 지방이 축척되는 것을 막기 때문에 비만을 예방하는 데 효과가 있는 것으로 알려져 있다. 특히 문제 부위인 배에 쌓이는 것을 방지한다.

▸당뇨 발생 감소

인슐린 대사를 정상화시켜 당뇨의 발생을 감소시킨다.

▸성호르몬 생성 조절

DHEA는 남성과 여성의 성호르몬 생성을 조절한다.

▶노화방지

DHEA가 많으면, 근육의 양이 많아지고 피부가 탱탱해진다.

멜라토닌
치료법

뇌에서 생성되는 멜라토닌은 눈의 망막에 맺힌 빛에 의해 생산량이 조절되며, 밤에만 분비되어 수면 리듬을 조절한다. 나이가 들게 되면 멜라토닌 생성이 줄고, 정도에 따라 수면장애에 이르게 될 수 있다.

일반적으로 45세부터는 멜라토닌 양이 보통 수치의 50%로 감소되다가 70대부터는 수치를 측정할 수 없을 정도로 최소량이 된다. 멜라토닌이 결핍될수록 수면장애가 심해지고 노화 과정이 촉진된다. 그래서 나이가 들수록 잠이 줄거나 외국에 가면 시차적응이 어려워진다.

미국에서는 멜라토닌 제재가 기적의 약으로 취급되며 자유로이 판매되지만, 모든 나라에서 통용되는 것은 아니다. 특히 독일에서는 안전을 증명할 수 없다는 이유로 허가되지 않았다. 멜라토닌이 실제로 노화를 늦출 수 있을 것인가에 대해서는 지금까지 과학적으로 증명되지 않았다. 그러나 멜라토닌이 감소되면 수면장애가 오고 만성 피로에 시달리게 된다는 것은 공통적인 연구 결과다. 결국 멜라토닌은 우리 몸의 호르몬을 조절하여 호르몬 체계가 균형을 이루도록 도와준다는 것을 알 수 있다.

멜라토닌의 부작용이 보고되고 있지는 않았지만, 약의 생산 상태가 좋지 않은 경우 알레르기나 독성이 생길 수 있으므로 질이 좋은 제품을 복용해야 한다. 따라서 반드시 의사의 지시 하에 호르몬이 부족할 때만 복용해야 한다.

복용하는 양은 환자에 따라 개별적으로 결정해야 하는데, 일반적으로 장기적으로 복용해야 한다. 생체리듬 문제로 멜라토닌을 복용해야 한다면, 비교적 많은 용량의 멜라토닌을 매일 규칙적으로 정확한 시간에 복용해야만 한다. 특히 멜라토닌을 저녁에 복용하게 되면 피곤하여 잠이 잘 들고, 낮 동안 집중력이 방해받지 않는다. 멜라토닌은 어릴 때는 충분하기 때문에 필요가 없으며, 멜라토닌이 부족해지는 40대 이후에 필요하다고 할 수 있다.

멜라토닌의 효능은 다음과 같다.

▶항산화제

멜라토닌은 비타민 C보다 항산화 기능이 50배 높아 가장 강력한 신체 고유의 항산화제이므로, 노화를 예방하는 데 아주 효과적이다.

▶면역력 강화

멜라토닌은 암에 대한 저항력을 가진 세포들을 자극하여 면역시스템을 만드는 역할도 한다. 따라서 멜라토닌이 부족해지면 세포가 빨리 파괴되고 죽게 될 뿐만 아니라 면역력이 약해진다.

▶생체 리듬 조절

멜라토닌은 생체 리듬을 조절하는 생물학적 시계 역할을 한다. 따라서 멜라토닌을 복용하면 편안하고 안정된 수면을 취하게 되면서 건강을 유지할 수 있다. 특히 멜라토닌은 장기간 비행을 할 때나 만성 피로, 수면장애, 우울해지거나 성욕이 떨어졌을 때 복용하면 효력이 있다.

▶스트레스 해소

멜라토닌은 스트레스 호르몬인 코티솔에 반대작용을 하기 때문에 멜라토닌을 복용하면 스트레스를 줄여주는 효과를 볼 수 있다.

에스트로겐
치료법

에스트로겐은 주로 여성의 난소 안에 있는 여포와 황체에서 분비되고, 태반에서도 분비되기 때문에 여성호르몬으로 잘 알려져 있다. 여러 가지 성 호르몬을 생성하는 물질인 에스트로겐은 남성의 정소에서도 약간 분비되기 때문에 여성에게서만 분비되는 호르몬은 아니다.

에스트로겐은 여성의 사춘기 이후에 많은 양이 분비되어 여성의 성적 활동에 많은 영향을 끼치다 성인 연령 중반부터 급격히 낮아진다. 젊을 때에는 월경주기에 따라 하루에 25~100ug이 정상이지만, 나이가 들면 5~10ug 정도만 생성된다.

호르몬 결핍은 소위 여성의 갱년기 장애의 중요한 원인이 된다. 최신 연구 평가에 의하면 에스트로겐 결핍이 여러 노화과정을 촉진한다고 한다. 예를 들어 뼈의 신진대사 장애인 골다공증 같은 병을 들 수 있다. 갱년기의 여러 현상에 적응되다 보면 자신도 모르는 사이 호르몬 결핍으로 인한 여러 가지 결과가 지속적으로 나타나기 시작한다. 그중 대표적인 것이 유해 산소에 대한 저항력이 감퇴되고 세포막에서 지방산이 산화되는 것인데, 이것이 바로 무서운 노화 요소이다.

산화된 지방산이 장기간 축적되면 피부나 신체 구조에 영향을 주고, 혈관에 퇴적되면 혈관의 탄력이 줄어 혈관에 의한 병을 촉진시켜 뇌의 활동에 지장을 주게 된다. 모든 갱년기 여성이 의학적으로 같은 상태인 것은 아니다. 그러나 규칙적이고 개인적 용량에 맞는 호르몬을 복용하면, 갱년기 장애뿐만 아니라 조직의 산화성 스트레스도 일반적으로 좋아진다는 연구 결과가 있다.

현재 호르몬 치료에서 에스트로겐은 최소량으로 피부에 바르는 젤로도 생산되므로 더 이상 복용 후 장이나 간을 통과할 필요가 없다. 보통 게스타겐은 자연 프로게스트로겐으로서 캡슐로 복용된다. 그러나 에스트로겐에 대해 혈전이나 세포의 증식 등의 부작용을 이유로 복용을 반대하는 의견도 많다.

프레그네노론
치료법

프레그네노론은 프로게스테론이나 DHEA같은 수많은 호르몬의 전 단계 성분으로, 다시 에스트로겐이나 테스토스테론으로 변화된다. 이 호르몬은 주로 부신피질 샘에서 생성되지만 간, 뇌, 피부에서도 콜레스테롤로부터 만들어진다. 신체에서 프레그네노론이 생성되는 양은 나이에 따라 감소되므로, 호르몬의 영향을 받는 대사 작용도 기능이 감소된다. 뇌의 프레그네노론의 양은 30대에 최고로 높고, 나중에는 이 수치의 5%까지 감소된다.

프레그네노론 치료의 심각한 부작용은 알려지지 않았다. 다른 치료처럼 결핍되어 있거나 어느 정도의 용량이 필요한지 알기 위해 혈액검사가 필수적이며, 반드시 의사의 처방이 필요하다. 보통 결핍의 강도에 따라 용량이 결정되는데, 하루에 30~200mg 정도이다.

프레그네노론이 부족하면 많은 문제가 생기게 된다. 다른 호르몬들의 생성이 이 성분에 달려있기 때문이다. 대표적인 증상으로 쉽게 지치고 불안하며, 우울증이 오거나 활력이 떨어지고 힘이 없어지며, 뇌의 기능에도 장애가 오고, 관절에 문제가 생길 수도 있다.

프레그네노론의 효능은 다음과 같다.

▶기억력 향상
프레그네노론은 아주 작은 양으로도 놀라울 정도로 기억력을 높이는 데 효과가 있다는 연구 결과가 있다. 따라서 나이에 따른 기억력 장애나 이와 관련된 병을 치료하는 데 사용될 수 있다.

▶학습능력 향상

프레그네노론을 복용하면 학습능력이 좋아진다는 다른 연구 결과도 있다.

▶우울증 치료

프레그네노론은 일반적으로 기분을 좋게 해주는 치료, 활력을 높이고 우울증을 감소시키는 치료로도 가능하다.

▶관절염 치료

프레그네노론은 이미 1940년대에 관절염 치료에 사용되었으며, 그 효력은 오늘날까지 수많은 연구서 증명되었다.

프레그네노론은 심지어 전립선암, 자궁암, 유방암 등을 예방하는 데 도움이 되는 것으로도 알려져 있다. 하지만 임산부와 수유부는 부작용이 발생할 수 있으므로 의사의 상담 없이는 복용해서는 안 된다.

프로게스테론
치료법

프로게스테론은 에스트로겐처럼 대표적인 여성 호르몬으로, 난소나 태반 그리고 뇌세포에서 생성된다. 하지만 남성의 경우에도 부신피질에서 만들어진다. 프로게스테론은 DHEA 같은 다른 호르몬이 만들어지는 데 중요한 역할을 한다.

프로게스테론은 특히 신경전달 물질로 작용하기 때문에 피부와 뇌에 효력이 있다. 따라서 프로게스테론이 줄어들면 피부의 노화가 빨라지고 주름도 많이 생긴다. 프로게스테론은 나이가 들수록 분비되는 양이 줄어들어 갱년기에는 신체 고유의 프로게스테론 농도가 여성의 경우 거의 제로에 가깝게 줄어든다.

다른 호르몬처럼 프로게스테론도 항상 의사의 지시에 따라야 하며, 호르몬이 부족할 때에만 복용해야 한다. 프로게스테론은 강하게 불안 상태를 해소시켜 주고 피곤함을 느끼게도 한다. 그래서 쉽게 잠을 잘 수 있도록 저녁에 복용하는 것이 좋다.

프로게스테론의 효능은 다음과 같다.

▶정신적인 평형
프로게스테론은 특히 신체의 수분유지 시스템, 정맥이나 뼈뿐만 아니라 정신적인 평형에도 아주 중요한 역할을 한다. 그런데 여성이 갱년기가 되면 프로게스테론이 부족해져서 쉽게 외부에 자극을 받고 자주 화를 내게 된다.

▶수분 누적

프로게스테론이 부족해지면 조직에 수분이 많이 쌓이게 된다. 조직에 수분이 많이 쌓이게 되면, 여성의 경우에는 다리가 붓고 유방이 팽팽해지는 느낌이 든다. 뿐만 아니라 골다공증이나 심장 질환의 위험에 이르게 된다. 이때 프로게스테론을 복용하면서 오일과 함께 피부에 바르면, 프로게스테론이 몸의 수분을 빠져나오게 하여 부종이 사라지게 된다.

▶피부노화 방지

프로게스테론은 피부세포의 수명을 연장시키고 콜라겐이 분해되는 것을 막아준다. 따라서 프로게스테론이 부족해지면, 피부에 주름이 생기고 셀룰라이트가 생성된다.

▶집중력 증가

프로게스테론은 뇌의 집중력을 높여주면서 불안한 상태를 정상화시켜 준다. 따라서 나이가 들수록 프로게스테론이 부족해지면서 뇌의 정보처리가 느려지고 집중력이 떨어지게 된다.

테스토스테론
치료법

테스토스테론은 주로 남성 호르몬으로 잘못 인식되어 있다. 하지만 남성보다 적기는 하나 여성도 부신 피질이나 난소에서 적은 양을 생성한다. 테스토스테론은 남성의 신체에서 성욕을 조절하는 가장 중요한 호르몬이지만, 여성에게도 중요한 호르몬이다. 남성이나 여성 모두 테스토스테론은 성욕을 증가시키고, 혈액 내의 콜레스테롤 수치를 감소시킨다.

남성의 경우 40대부터 서서히 테스토스테론이 감소하기 시작하며, 75세가 되면 이전 최고치의 40% 정도만 생성되게 된다. 테스토스테론이 감소하기 시작하면 활동력 저하, 근육 소멸, 성욕 감퇴, 배에 지방이 축적되는 현상이 나타난다. 따라서 나이가 들수록 테스토스테론이 감소하는 대신 여성호르몬이 증가하여 여성의 형태로 대체되게 된다.

테스토스테론의 효능은 다음과 같다.

▶근육과 뼈의 성장 촉진

테스토스테론은 근육과 뼈의 성장을 촉진시킨다. 그리고 뼈가 분해되거나 부러지지 않도록 보호하므로, 사고 후 재활치료에 중요한 성분이기도 하다.

▶지방 축적 방지

테스토스테론은 지방이 조직 내에 축적되지 않도록 해준다.

테스토스테론은 사람을 정신적인 면에서 능동적으로 활동하게 하는 의지를 갖게 하거나 진취적이도록 해준다.

성장 호르몬 HGH(Human Growth Hormone) 치료법

성장 호르몬은 성장을 촉진하는 데 필요한 호르몬이다. 사람에게 가장 중요한 성분의 호르몬이라고 할 수 있는 성장 호르몬은 외부적으로 가장 표현이 잘되는 호르몬이다. 성장에 관여하는 호르몬은 직접적으로 작용하는 것이 아니라 성장 호르몬 촉진인자를 매개로 하는 간접 작용을 한다. 여러 연구에서 성장호르몬이 노화 예방에 매우 효력이 있는 것으로 인정받고 있다.

성장 호르몬이 성장만을 위해 작용하는 호르몬이라고 한다면, 이미 성장이 끝난 어른들에게는 전혀 필요가 없는 호르몬이라고 할 수 있다. 하지만 성장 호르몬은 지방 분해, 피부 재생, 당뇨 예방, 대사 증진과 노화 방지 등에 효과가 있다.

성장 호르몬은 나이가 들면서 점차적으로 생성이 줄어드는데, 정상인은 혈액에 1.0ng/mL 이하의 아주 적은 양으로 존재하고 있다. 성장 호르몬은 취침 시에는 상승하고, REM 수면(꿈을 꿀 때)는 오히려 억제가 된다.

성장 호르몬은 55세까지도 우리 몸에서 생성되는데, 주로 운동이나 영양, 스트레스, 수면 등의 환경적인 조건에 따라 많은 영향을 받는다. 따라서 직접 투여하기보다는 운동을 생활화하거나 식생활 조절, 충분한 수면을 통해 우리 몸에서 자연적으로 분비되도록 하는 것이 더욱 바람직하다.

성장 호르몬의 효과는 다음과 같다.

▶신체 생성

성장 호르몬은 신체의 모든 부위가 생성되도록 한다. 따라서 성장 호르몬이 없으면, 성장을 멈추게 된다. 성장 호르몬은 밤 10시에서 새벽 2시 사이에 가장 많이 나온다. 따라서 이 시간대에 규칙적으로 수면을 취한다면 성장에 유리하다. 전형적인 노화란, 나이가 들면서 성장 호르몬이 부족하게 되는 영향으로 생기는 것을 말한다.

▶만성 질환 치료

성장 호르몬은 만성적인 전신 질환, 즉 선천성 심장병·만성폐질환·만성신장질환·만성소모성질환 등으로 인한 왜소증 치료에 사용된다.

▶활동력 향상

성장기의 뼈나 근육만 조성하는 것이 아니라 조직이 손상된 후 재건하는 과정에서도 작용한다.

ANTI-AGING

호르몬은 우리 몸의 한 부분에서 분비되어 혈액을 타고 필요한 기관으로 이동하는 화학물질을 말한다. 이렇게 분비된 호르몬은 서로 연락하며 상호 조절하는 화학적인 연락 물질로 신진 대사, 수면, 정신활동, 배고픔, 목마름, 충동, 성욕, 수정과 성장 등 중요한 작용들을 조절한다.

ANTI-AGING

최근 들어 "곱게 늙고 싶다"는 노인들의 욕구와 맞물려 60대 이상 노년층에서 성형이 급격히 늘고 있다. 성형이 단순히 젊은이들만의 전유물이 아니라 노년 세대에서도 대중화되고 있는 것이다. 여기서 주목해야 할 점은 사회 활동을 하고 있는 노인들만 외모에 신경을 쓰는 것이 아니라 은퇴 이후의 노인들도 성형외과, 피부과를 찾아 시술을 받는다는 점이다. 그러나 노년층의 성형 목적은 젊은 세대와는 다르다. 예뻐지기보다는 젊게 보이거나 불편한 기능의 개선이 우선이다.

CHAPTER 7

성형을 통한

안티에이징

성형의
효과

　요즘은 아무리 나이가 많은 노년의 여성이라도 피부가 좋다고 하거나 젊어 보인다고 하면 수줍어하는 이들이 많다. 실제로 종종 젊은 사람들이 할머니들에게 '할머니'라고 부르면 "내가 왜? 할머니냐"라고 따지는 일도 있다. 외모에 관심을 쓰는 것은 할머니들만이 아니다. 할아버지들도 관심을 보이며 멋을 부리긴 마찬가지다. 요즘에는 할아버지들도 조금이라도 젊게 보이기 위해 머리에 염색을 하고, 젊어지는 약이라면 무엇이든 구해서 복용하려고 한다. 이처럼 삶의 행태가 '오래 살기'에서 '젊게 살기'로 바뀌어 가고 있는 요즘, 노후에는 새로운 인생을 살겠다는 것이 노년층의 새로운 '화두'로 떠오르고 있다.

노인들의 노화는 외부적으로 피부 노화에서부터 일어난다. 따라서 피부 노화를 해결하려는 성형이 인기를 얻고 있다. 피부 노화는 노화의 일차적인 징후로 받아들여지면서 기미에 대한 민감도가 점차 커지고 있다. 최근 노년층에서도 맑고 깨끗한 피부에 대한 선호도가 높아져 특히 기미에 대해 적극적인 치료를 하고 있는 것으로 분석됐다. 실제로도 성형외과에서는 노인들이 주름과 모발을 비롯하여 기미 등 색소 관련 치료가 급격하게 증가하는 것으로 나타났다. 이러한 분위기를 바탕으로 검버섯을 없애기 위해서 레이저 치료를 받고, 볼록 튀어나온 눈 밑의 지방을 제거하기도 하며, 얼굴이나 이마의 주름을 펴는 수술, 복부 지방 흡입술 내지 절제술을 시술받으려는 노인들이 증가하고 있다. 노인들은 성형 수술을 통하여 젊어 보이게 되고, 이렇게 젊어 보임으로써 활기찬 삶을 살 수 있다고 생각하고 있다.

이처럼 노인들의 젊어 보이려는 욕구에 대한 차별적인 서비스를 제공하기 위해 고가의 이용료를 받고 피부 노화 방지와 관련된 진료를 하는 성형외과와 안티에이징 센터들이 우후죽순처럼 증가하고 있다. 심지어 고급 실버타운에서는 이것을 기본적인 서비스로 제공하는 곳도 생겨나고 있다.

성형외과에서는 주로 기미나 검버섯, 지방, 주름살을 제거해준다. 안티에이징 센터는 세포막 손상과 DNA 검사, 손가락 끝의 모세 혈관 혈류 검사 등 다양한 노화도 정밀 검사를 하고 개개인의 노화도를 진단하여 이에 따른 일대일 맞춤 프로그램을 제공한다. 안티에이징 센터는 성형외과처럼 결과를 가지고 수술을 통해 치료하는 것도 하지만 이를 넘어서 노화의 원인을 찾아내 노화를 예방하고 젊음을 유지하는 차원에서 서비스를 제공하고 있다.

오늘날의 노인들은 과거의 노인에 비하여 경제적·시간적인 여유가 증가함과 동시에 자신의 외모에 대한 콤플렉스를 극복하고, 자녀의 결혼을 위한 상견례나 원만한 인간관계를 위해 성형 수술을 원하고 있다. 뿐만 아니라 외모를 고치려는 노인들의 연령도 같이 높아가고 있다. 앞으로 노인 피부 관리업은 노인 인구의 증가와 함께 외모에 신경을 쓰는 노인 인구의 증가로 시장의 규모가 크게 확대될 것으로 보여 성장 가능성도 높이 평가되고 있다.

그러나 주의할 것은 아무리 경제적이고 시간적으로 여유가 있다고 해도 당뇨나 심장 질환이 있는 경우에는 마취가 필요한 수술을 받기가 어려우므로 어느 정도 건강이 뒷받침되어야 한다. 그리고 성형을 하더라도 본래의 모습보다 너무 젊게 하게 되면 오히려 부자연스럽고, 주변의 잘못된 인식을 가져올 수 있으므로 자연스럽게 하는 것이 좋다.

아름다움을 추구하는 심미의학은 새로운 의학 분야로, 최소한의 시술만으로 환자의 외모에 대한 만족도를 최대한 높이는 것을 목표로 한다. 이 분야는 더 이상 성형 수술이나 피부 시술 분야에만 그 범위가 한정되지는 않을 것이다. 갈수록 점점 더 많은 전문가들이 더 넓은 범위의 심미의학적인 치료 방법을 제공하고 있다.

현재 우리나라에서는 어린 나이에 하는 성형 수술이 너무 많고, 이것이 하나의 유행이 되어 버렸다. 미국에서는 어린 나이에 하는 성형 수술에 제한이 있으나 우리나라에서는 이 제한이 없기 때문에 불필요한 성형 수술까지 지나치게 많이 하고 있는 것이 사실이다. 수술을 하고 10년, 20년 후에 있어날 수 있는 모든 문제에 대해 아직까지 연구된 세부적인 자료가 없기 때문에 꼭 필요한 부분에 국한되어 수술하는 것이 바람직할 것이다.

이러한 시술은 50대 이상의 남성이나 여성들 사이에서도 일반적인 건강 프로그램의 한 부분으로 인식되고 있을 정도로 심미의학 시술은 트렌드가 되었다. 기본적인 치료로는 보톡스, 필러 주사, 체형 교정, 레이저, 미용적 혈관 치료, 화학적·기계적 피부 시술, 화장품 등이 있다.

요즘 심미의학적 치료의 약 80% 정도는 수술을 하지 않는 것이 세계적인 추세다. 비수술적 치료는 지난 15년간 10배가 넘게 성장했다. 그 중에서도 보톡스나 필러 주사, 레이저 피부 시술 등이 가장 많으며, 비만 체형교정도 인기가 높다. 수술로는 가슴 수술, 코 수술, 지방 흡입, 수술로 하는 리프팅, 눈 수술, 모발 이식 등이 있다.

자외선에 의한
피부 손상

오랜 시간 자외선에 노출되어 손상된 피부에는 여러 색소 질환이 나타나게 된다. 예전에는 나이에 따라 나타났던 검버섯이 이제는 20대에서도 생기는 경우가 많이 있다. 그만큼 환경오염으로 오존층이 파괴되어 우리 피부에 해로운 자외선 파장이 지구에 많이 도달하게 된 것이다.

검버섯은 주로 손등, 팔, 얼굴 등에 많이 나타나는 밝은 갈색의 색소로, 멜라닌을 생성하는 멜라닌 세포의 수가 많아져서 생기게 된다. 이 색소는 왁스 형태의 밤색 색소인 리포푸진이 뭉친 것인데, 피부 세포의 벽에 있는 불포화 지방산이 산화되면서 생긴 노폐물이다. 세포 내의 리소좀이 더 이상 분해되지 못하는 상태가 되어 색소로 남게 된 것이다. 검버섯은 보통 암이 아니지만 비슷하게 보이면서 암으로 분류되는 것도 있으므로 의사의 진찰이 필요하다. 그 외 주근깨도 마찬가지 현상인데, 주근깨의 경우에는 멜라닌 세포의 수가 많아진 상태는 아니다.

색소 질환은 대부분 레이저 시술로 제거할 수 있으며, 과일산이나 비타민 A산 또는 루치놀이 포함된 재제를 사용하기도 한다. 예방을 위해서는 되도록 자외선을 피하고, 매일 자외선 차단 크림을 발라야 한다.

검버섯

검버섯은 피부 표피층에 각질 세포가 비정상적으로 두꺼워지고 멜라닌 색소가 증가하면서 생기는 양성종양이다. 주로 경계가 뚜렷한 원형이나 타원형에 흑갈색을 띤다. 표면은 우둘투둘한 경우가 많고, 시간이 지날수록 색깔이 진해지고 두터워진다. 검버섯은 햇볕에 많이 노출되는 부위부터 생기는데, 주로 얼굴부터 생겨 팔목이나 손등 등으로 옮겨 간다. 아직까지 정확한 원인은 밝혀지지 않았지만, 자외선에 의한 피부 노화 과정에서 나타나는 것으로 추정된다.

검버섯은 양성종양이라 미용상 문제가 될 뿐 건강에는 해가 되지 않는다. 그런데 만약 검버섯이 갑자기 가렵거나 커지고, 검버섯에서 진물이나 피가 난다면 피부암인 흑색종을 의심할 수 있다. 악성 흑색종은 멜라닌 색소를 만들어 내는 멜라닌 세포에 의해 생기는 종양으로, 검버섯의 모양이 둥글지 않거나 비대칭이고 경계가 울퉁불퉁한 것이 특징이다. 또 만약 검버섯의 가장자리가 둥글게 말리거나 중앙부가 함몰되는 경우에는 기저세포암 검사를 받아야 한다.

이밖에 갑자기 검버섯 수가 증가하고 가려움증이 동반될 때는 내부 장기에 악성종양이 생겼다는 신호일 수 있으므로 빨리 병원을 찾아야 한다.

한 번 생긴 검버섯은 저절로 없어지지 않기 때문에 조기에 제거하는 것이 좋다. 피부 표면을 화학박피제로 태운 후에 피부 각질층을 벗겨 내는 화학박피술과 레이저로 멜라닌 색소를 파괴하는 시술이 검버섯을 제거하는 대표적인 시술법이다.

검버섯이 피부 표피에만 얇게 퍼져 있을 때는 박피술이 효과적이다. 시술 후 1~2주 사이에 새살이 돋기 시작하는데, 시술 부위에 생긴 딱지를 억지로 떼어 내면 흉터가 남을 수 있다. 오래된 검버섯은 레이저 시술로 제거하는 것이 더 효과적이다. 이 시술은 멜라닌 색소만 선택적으로 파괴해 주변 조직을 손상시키지 않으며, 시술 후 출혈이나 통증이 없어 일상생활 복귀도 빠르다.

검버섯을 예방하기 위해서는 각종 채소를 이용해 천연팩을 하여 피부를 건강하게 유지하는 것이 좋다. 천연팩은 1주일에 1~2회 시행하는 것이 적절하다. 감자, 당근, 오이 등이 팩을 하기에 좋은 재료이며, 특별히 감자팩은 멜라닌 색소의 생성을 막고 손상된 피부를 되살리는 효과가 있다. 당근팩은 비타민A인 카로틴과 비타민 B·D·E가 들어 있어 미백 효과가 뛰어나며, 피부를 부드럽게 만든다. 오이팩도 미백 효과가 있으며, 오이의 각종 유기산은 피부를 깨끗하게 관리해 준다.

근본적으로 검버섯이 생기지 않게 하려면, 평소에 피부 건강을 유지하고 자외선에 노출되지 않는 습관을 들이는 것이 가장 좋다. 이와 관련된 생활 수칙은 다음과 같다.

- 외출할 때는 반드시 자외선 차단제를 바르고, 야외활동을 할 때는 모자나 긴소매 옷을 입는다.
- 멜라닌 색소를 억제하는 비타민C를 꾸준히 섭취한다. 비타민C가 많이 함유된 과일은 레몬, 귤, 사과, 감, 딸기 등이다.
- 평소 수분을 충분히 섭취해 피부가 건조해지지 않도록 한다.
- 수면을 충분히 취해야 피부 건강이 좋아지고 검버섯을 예방할 수 있다.
- 평소 스트레스를 받지 않아야 피부 건강을 유지할 수 있다.

주근깨

주근깨는 햇빛에 노출된 부위의 피부에 주로 생기는 황갈색의 작은 색소성 반점을 말하며, 주로 뺨이나 팔의 윗부분, 앞가슴, 등 위쪽에 발생한다. 외형적으로는 기미와 감별이 어려운 경우도 많은데, 정확한 진단을 위해서는 조직검사가 필요하나 흔히 시행하지는 않는다.

주근깨가 생기는 원인은 정확하게 밝혀져 있지 않으나 유전적 경향이 있을 수 있으며, 자외선에 의해 피부 멜라닌 세포가 자극을 받아 멜라닌 색소의 합성이 증가하여 발생하는 것으로 알려져 있다. 백인 중에서도 특히 금발이나 붉은 머리카락을 가진 사람에서 흔하게 나타나며, 동양인은 백인보다 적게 발생한다.

황갈색의 작은 색소성 반점들이 코, 뺨, 손등, 앞가슴과 같이 햇빛에 노출되는 부위에 산재되어 나타나는 주근깨는 태어날 때는 없다가 5세 이후에 나타나며, 직경이 5~6mm 이하로 작다. 모양은 둥글거나 타원형의 경우가 많고 각이 진 모양일 수도 있으며, 주위의 정상 피부와는 비교적 명확하게 구분되는 경계를 가진다. 주근깨의 색깔은 햇빛의 양과 밀접한 관계가 있는 탓에 겨울철과 같이 햇빛이 약한 시기에는 연한 갈색이나 눈에 잘 띄지 않는 흐린 색으로 존재하다가, 여름철에 햇빛을 많이 받게 되면 짙은 갈색의 뚜렷한 색깔로 변한다.

볼에 생기는 주근깨는 의학적으로는 작란반(雀卵斑)·하일반(夏日斑)이라고 하는데, 눈 둘레에서 뺨에 이르기까지 좁쌀알 크기에서 쌀알 크기 정도의 담갈색 또는 갈색의 색소반 다수가 무리지어 생긴다. 이것은 유전성이며, 5~6세경부터 생기기 시작하여 사춘기 즈음이 되면 눈에 띄게 많이 생기고, 나이가 들어감에 따라 감소한다. 특별한 합병증은 없으며, 일반적으로 피부가 흰 여자에게 많다. 또 해수욕·등산 등으로 강한 자외선을 직접 받으면 그 수도 많아지고 색깔도 진해져 하일반이라고 부른다.

주근깨는 미용적인 목적에서 레이저나 박피술을 시행하여 제거할 수 있다. 대개 1회의 치료로 모든 병변을 없애지는 못하나 반복 치료로 상당한 호전을 보일 수 있다. 치료에 대한 반응은 개인에 따라 다양하게 나타날 수 있으며, 레이저 시술의 경우 대개 1개월의 간격을 두고 반응에 따라 수회 반복 치료힐 수 있다.

주근깨가 생기는 것을 예방하기 위해서는 무엇보다 피부가 자외선에 노출되지 않도록 하는 것이 중요하다. 이를 위해 자외선 차단제를 2시간 간격으로 충분한 두께로 바르는 것이 좋다. 또한 모자, 양산, 긴 팔옷 등으로 자외선에 대한 노출을 최대한 줄이는 것도 좋은 방법이다.

리프팅(Lifting)

리프팅이란 피하조직과 피부를 당기는 방법으로, 얼굴을 젊어지게 하는 기본적인 방법이다. 피하조직(SMAS라고 하는 층)을 당겨 오래 지속시키는 효력이 있는 리프팅은 늘어진 표정 근육까지 어느 정도 당길 수 있다. 심한 주름, 얼굴이 늘어지고 볼이 처진 경우, 눈이 처지고 목의 피부가 늘어졌을 때 이 시술을 하면 효과를 볼 수 있다. 노화가 오게 되면 리프팅으로 어느 정도 젊어지게 할 수 있다. 수술이나 초음파를 이용한 리프팅이나 레이저를 사용하게 되는데, 추가적으로 보톡스, 필러 등 주사나 실을 사용하기도 한다. 입가의 수직 주름 같은 경우, 레이저나 필러 등 주사 방법으로 좋아질 수 있다.

리프팅은 노년층뿐 아니라 20~30대에서도 많이 하는데, 이 경우에는 얼굴 윤곽 라인을 만들어 가늘고 작아 보이게 하는 효과가 있다. 그런데 지나치게 자외선에 노출되는 생활을 하는 사람이거나 흡연자, 상처회복이 잘되지 않거나 흉터가 잘 생기는 사람들은 좋은 효과를 얻을 수 없으므로 유의해야 된다.

얼굴 리프팅은 너무 고령인 경우보다 40대 초반에서 더 좋은 결과가 나온다. 이 나이 대에는 아직 피부가 충분히 탄력이 있기 때문에 젊어지는 효과가 특히 더 오래가며, 눈가나 입가에 리프팅을 조금만 해도 충분할 수 있다. 60대의 경우는 대부분 리프팅을 전체적으로 많이 해야 원하는 효과를 얻게 된다.

리프팅을 할 때 알아두어야 하는 것은 이러한 시술이 영원하지 않다는 것이다. 시술의 효과는 수술을 하였을 때 5년 정도이고, 레이저나 필러의 경우 1년 정도이다. 시술을 했다고 해서 노화가 멈추는 것은 아니므로 지속적으로 술, 담배, 자외선 등에 유의해야 한다. 잘못된 습관이나 너무 많은 화장품 사용 등도 리프팅의 결과에 나쁜 영향을 줄 수 있다.

주름
시술

주름은 증상에 따라 외과적으로 수술할 수도 있고, 보톡스 또는 필러 주사나 재생 주사, 레이저, 실 등 여러 가지 방법이 있다. 미간의 인상이나 이마주름에서 늘어진 목의 주름까지 거의 모든 주름은 시술이 가능하다. 하지만 모든 시술이 모든 주름에 적합한 것은 아니고 지속

기간이나 가격도 다르기 때문에 각 부분에 따른 적합한 시술을 선택해야 하며 가격이나 시술 결과도 고려해야 한다.

보톡스는 표정으로 생긴 주름을 교정하는 데 효력이 좋다. 피부에 주사하는 보톡스는 표정에 큰 영향을 주지는 않으면서 주름을 없애주고 피부가 맑아지며 모공도 좋아질 수 있는 방법이다.

필러는 주사로 얼굴의 꺼진 부분을 보충하여 팽팽하게 하는 효력이 있다. 나이가 어려 보인다는 것은 얼굴 중앙 부분에 볼륨이 있어 사과처럼 보이기 때문인데, 나이가 들게 되면 지방이 처져서 아래로 내려오게 되므로 중앙 부분에 볼륨을 줄 수 있는 필러가 중요한 역할을 한다.

필러나 보톡스를 이용한 주름 제거술은 피부 절개를 하지 않으므로 절개 흉터가 남지 않는다는 것이 큰 장점이지만, 무조건 이 방법이 좋은 것은 아니다. 어떤 시술이 주름을 효과적으로 제거할 수 있을 것인가에 대해서는 의사와의 충분한 상담이 필요하며, 주름의 정도와 위치에 적합한 시술법을 선택해야 한다.

특별히 흡연자나 착색이 심한 얼굴 등은 치료 방법을 유의해서 선택해야 하며, 유전적인 요소도 고려해야 할 요소 중 하나이다. 의사를 찾기 전에 어떤 점을 개선하고 싶은지 잘 생각하고 좋은 의사를 선택하도록 유의하는 것이 중요한다. 주름을 교정할 때 분해되지 않는 성분, 예를 들어 아르테콜 같은 성분은 단단한 덩어리 등이 생길 수 있으므로 주의해야 한다.

얼굴 주름 제거 성형술

얼굴 주름 제거 성형술이란 노화되어 처진 얼굴이나 목 피부의 주름을 제거하고 근육이나 피부를 팽팽하게 당겨 주는 미용수술이다. 자신의 얼굴에 주름이 늘거나, 피부가 처지는 것을 느낄 때 시행하는데, 언제 수술을 받을 것인지에 대해서는 전문의사와 상담한 뒤 대개 환자가 최종적으로 결정하게 된다.

얼굴 주름 제거 성형술은 그 부위에 따라, 크게 안면(얼굴) 거상술과 이마 거상술로 나뉠 수 있다. 안면 거상술 및 이마 거상술은 환자의 상태에 따라 동시에 시행할 수도 있다.

특별히 시술 전 준비 사항은 없으나 현재 질병을 앓고 있어서 먹는 약이 있을 때에는 수술 전에 약을 일시적으로 끊어야 할지에 대해 의사와 상의하여야 한다. 예를 들어 아스피린, 비타민 E 등의 약제는 지혈을 방해하여 수술 후 출혈 위험을 증가시킬 수 있으므로, 수술 전 의사와 상의하여 일정 기간 동안 복용을 중단해야 한다.

대부분 전신 마취를 한 뒤 시술을 받게 된다. 안면 거상술의 경우에는 대개 귀 앞쪽으로 절개선이 들어가는데, 가장 흔한 방식은 측두부 귀 위에서 귀 앞으로 절개선이 내려온 뒤, 귀 밑을 돌아 귀 뒤로 들어가 뒤통수 쪽까지 절개선이 들어가는 것이다. 이것은 환자 개인의 상태에 따라 약간의 변형이 있을 수 있다. 이마 거상술의 경우에는 머리카락에 덮여 절개선이 숨겨지기는 하지만 머리띠 모양으로 긴 절개선이 남을 수도 있다. 요즈음에는 내시경을 수술에 이용하여 절개선의 범위를 줄이기도 한다.

수술 부위를 절개한 후에는 절개선을 이용하여 피부 밑을 박리하여 피부를 들어올리고 당겨서 주름을 편다. 또한 당겨서 남는 피부가 있다면 일부를 잘라낸 후 봉합한다. 특별히 안면거상술에는 피부 밑의 표재성 근건막을 피부와 분리하여 당겨 주는 과정이 필요하다. 종종 수술시에 고정하는 수술적 도구를 이용하기도 하는데, 대표적인 것으로 엔도타인 등이 있다.

내시경을 이용하는 경우, 수술 흉터가 작게 남고, 출혈도 적으며, 수술 후에 나타날 수 있는 감각 이상도 최소화할 수 있다. 또한 확대경을 통한 섬세한 수술로 주위 조직을 손상시키는 일이 적으므로 회복 기간이 빠르다. 특히 미간에 깊이 패인 주름살 수술에 내시경을 이용하면 수술 효과가 좋다.

수술 후 가장 중요한 부작용은 주름이 재발할 수 있다는 것이다. 안면거상 혹은 이마 거상술이 효과적으로 시술되었더라도 이후에 자연적으로 진행되는 노화에 의해 주름이 생기는 것은 어쩔 수 없다. 간혹 수술 후 좌우 비대칭적인 얼굴이 될 수도 있고, 감각의 문제나 얼굴 신경 손상이 있을 수도 있다. 주로 관자놀이, 뺨, 아래턱 부위에서 손상이 나타나며, 해당 부위의 감각 저하와 신경지배를 받는 근육의 마비가 일어날 수 있다. 대부분의 손상은 수주 내지는 1~2년 내에 회복된다.

이마 거상술의 경우, 당겨 올려진 이마의 일부가 수술 후 회복기간 동안 느슨해지며 처지는 경향이 있다. 이를 대비해 수술시 경우에 따라 원하는 정도보다 더 강하게 들어올리기도 한다. 이렇게 강하게 당겨 올리면 수술 후 얼마간 눈썹의 위치나 눈 모양이 부자연스러울 수 있다.

모든 수술이 상처를 남기지만, 귀 주위를 따라 난 상처는 눈에 잘 띄지 않는 편이다. 그리고 정도에 따라 귀 앞에 상처를 남기지 않는 경우도 있다. 환자의 살성이 켈로이드성 체질일 경우 상처가 커질 수 있으므로 사전에 참고하는 것이 좋다. 1~3%에 해당되는 환자에게서 탈모가 일어나는데, 보통 4~6개월 내에 새로운 머리카락이 자라나기 때문에 장기적으로 큰 문제는 없다.

냉동
지방분해술

지방제거 시술은 현재 독일에서 10만 건 이상 시술되는 가장 선호도가 높은 성형 수술이다. 갈수록 더욱 많은 사람들이 지방으로 두꺼워진 다리, 배, 팔뚝 등의 지방을 제거하고 있다. 지방 제거 기술은 오랜 시간 동안 지속적으로 발전되어 왔고 정교해져서 위험은 최소화되고 효과가 개선되고 있다. 이 거대한 환자군 중 약 10% 정도만 수술적인 방법을 선택하고, 90% 정도는 최소 침습적인 비외과적 방법을 선호하고 있다. 현재 FDA에서는 3가지 비외과적 지방 축소법이 허가를 받은 상태이다.

그중 첫 번째는 초음파를 이용한 방법이다. 두 번째는 635mm 레이저인 LLLT 저용량 레이저 치료가 있는데, 이 치료는 아직 확실한 효과가 입증되지 못하였다. 세 번째는 가장 실용적이고 효력 있는 냉동 지방분해술로, 이 시술은 만슈타인의 연구에 기초하고 있다. 2009년부터 병원에서 시술하도록 허용된 이 방법은 세계적으로 널리 이용되고 있다. 현재는 부작용과 위험성이 적은 냉동 지방분해술이 비수술적 방법 중 가장 많이 시술되고 있다.

지방을 얼려서 파괴시키는 시술법은 지방 흡입 수술시 일어날 수 있는 부작용을 피할 수 있기 때문에 많은 각광을 받고 있다. 환자가 한 시간 동안 냉동 기계를 착용하고 있으면 지방이 얼게 되는데, 통증이 거의 없으며 다운 타임 없이 일상생활이 가능하므로 매우 편리하다. 이 시술은 피부의 진피는 얼지 않고 지방 세포만 선택적으로 얼어 크리스탈화 되었다가 파괴되는 시술이다. 일단 지방세포가 파괴되기 시작하면 3개월간 지속적으로 비침습적 지방 감소가 일어나게 된다.

셀룰라이트
치료

셀룰라이트는 보통 여성의 허벅지나 엉덩이 부분에 많이 있는 피하 지방 조직을 말한다. 이 지방 조직은 지방이 구조상 변화된 형태로, 눈으로 보거나 만져보았을 때 피부표면이 울퉁불퉁하며 피부 깊숙이 결절이 만져지거나 피부가 탄력이 없고 다른 부위의 피부보다 차갑게 느껴지기도 한다. 셀룰라이트라는 말은 '오렌지 껍질 모양의 피부'(Orangenhaut)라는 의미이다.

셀룰라이트는 거의 여성에서만 나타나는데, 남성의 경우에는 결합 조직이 다르기 때문이다. 지방이 많이 쌓이거나 결합 조직이 약한 경우에는 젊은 나이에도 생기게 되지만, 보통 여성의 경우 나이가 들면 정도에 따라 다르기는 하지만 80~90% 정도 셀룰라이트가 생기게 된다. 셀룰라이트라는 말은 1960년대 말에 처음으로 영어권에서 사용하기 시작했다.

셀루라이트는 피하 지방조직에서 가볍게 림프액이 쌓이면서 쿠션과 같은 형태로 생기게 되는데, 지방 조직이 콜라겐 결합 조직에 의해 울타리처럼 구분되게 나누어지는 형태이다. 이 지방 구조가 월경 주기에 따른 호르몬의 변화에 의하여 어느 정도 붓게 되면 콜라겐 밴드의 형태를 보이며 셀룰라이트가 나타나게 된다. 즉 셀룰라이트는 호르몬인 에스트로겐의 영향을 받는다.

셀룰라이트의 양상에는 인종적인 차이가 있다. 아시아인이나 흑인보다는 백인에게서 더 잘 생기며, 라틴계 여성이 둔부에 잘 생기는 것에 반해 앵글로색슨계 여성은 복부에 더 잘 생긴다. 지방이나 탄수화물이 많고, 섬유소가 적은 음식은 일반적으로 셀룰라이트를 악화시킨다. 또한 흡연, 운동 부족, 고정된 자세로 오래 서 있거나 앉아 있는 것, 허벅지나 엉덩이에 꽉 끼는 옷은 정맥부전이나 하지의 미세혈액순환을 방해하기 때문에 셀룰라이트가 악화될 수 있다. 스트레스도 셀룰라이트를 악화시키는 주요 요인이다.

셀룰라이트는 질환이라기보다는 정상적인 피부 태의 범주로 보기 때문에 특별히 치료할 필요는 없지만, 미용적인 목적으로 교정이 필요할 수 있다. 무엇보다 셀룰라이트를 악화시키는 요인들을 제거하는 것이 중요하다. 이를 위해 매일 수분을 충분히 섭취하고, 술과 담배를 피하며, 규칙적인 운동과 식사를 하는 것이 증세를 완화하는 데 도움이 된다. 또 지방이나 탄수화물이 많이 포함되거나 섬유질이 적은 음식은 피하는 것이 좋다.

일반적으로는 단백질 함량이 전체 칼로리 대비 12% 이하인 것이 좋고, 녹말처럼 흡수 속도가 빠른 탄수화물을 줄이고, 섭취하는 지방 중에 최소한 20% 이상은 불포화지방인 것이 좋다. 그러나 셀룰라이트는 비만과 다르므로 단순하게 칼로리 섭취를 줄여서 제거되지는 않는다. 되도록 꽉 끼는 옷이나 너무 높은 굽의 신발은 착용하지 않아야 하며, 스트레스를 피하는 것이 도움이 된다.

미용적인 목적으로 셀룰라이트를 치료하기 원할 때는 전리요법(ionto-phoresis, 전류를 통해 약물 이온을 피부나 조직으로 침투시키는 치료법), 초음파 치료, 온열 요법, 압박 요법, 마사지 요법, 지방분해전기침 등 다양한 치료 방법들이 시도되고 있다. 또 지방분해 효과가 있는 메틸산틴계 약물이나 미세혈액순환을 도와주는 약물들을 복용하거나 도포하는 것이 어느 정도 셀룰라이트를 완화시켜 줄 수도 있다.

약물을 직접 진피에 투여하기 위해 메조테라피(mesotherapy, 주사기로 피부 밑의 중배엽에 약물을 직접 주입하는 요법)를 시행하는 것도 가능하다. 레티놀(retinol)을 도포하는 것이 도움이 되기도 하며, 심한 경우에는 지방흡입술과 같은 수술적 처치로 치료가 가능하다.

셀룰라이트는 울트라샬 웨이브 기계를 이용하여 치료하기도 한다.

울트라샬은 MMP(Matrx-metallo-proteinase)라는 콜라겐 분해효소의 활동을 조절하여 지방결합조직에 영향을 주게 된다. MMP를 억제하는 효력이 있는 울트라샬은 과거에는 주로 관절염 치료에 사용되었다. 현재는 MMP는 울트라샬의 주파수와 에너지에 따라 달라진다는 사실을 이용하여 MMP의 분해 기능을 촉진시킴으로서 셀룰라이트 치료에 사용하고 있다. MMP는 지방 세포의 세포막을 분해하여 지방세포를 파괴하는 영향을 주기 때문에 울트라 샬웨이브 치료를 지방제거에 사용하기도 한다.

탈모

탈모는 정상적으로 모발이 존재해야 할 부위에 모발이 없는 상태를 말하며, 일반적으로 두피의 성모(굵고 검은 머리털)가 빠지는 것을 의미한다. 성모는 색깔이 없고 굵기가 가는 연모와는 달리 빠질 경우 미용상 문제를 일으킬 수 있다. 서양인에 비해 모발 밀도가 낮은 우리나라 사람의 경우 5~7만 개 정도의 머리카락이 있으며, 하루에 약 50~70개까지의 머리카락이 빠지는 것은 정상적인 현상이다. 그러나 자고 나서나 머리를 감을 때 빠지는 머리카락의 수가 100개가 넘으면 병적인 원인에 의한 것일 가능성이 높으므로 의사와 상담해 보는 것이 좋다.

탈모는 임상적으로 흉터가 생기는 것과 생기지 않는 두 종류로 나눌 수 있다. 흉터가 생기는 탈모는 모낭이 파괴되므로 모발이 재생되지 않는 반면, 흉터가 생기지 않는 탈모는 모낭이 유지되므로 증상 부위가 사라진 후 모발이 재생된다. 흉터가 생기지 않는 비반흔성 탈모로는 유전성 안드로겐성 탈모(대머리), 원형 탈모, 곰팡이 감염에 의한 두부 백선, 휴지기 탈모, 발모벽, 모발생성 장애 질환 등이 있고, 흉터가 생기는 반흔성 탈모로는 루푸스에 의한 탈모, 독발성 모낭염, 모공성 편평 태선, 화상 및 외상에 의한 탈모 등이 있다.

탈모의 원인은 다양하다. 대머리의 발생에는 유전적 원인과 남성 호르몬인 안드로겐이 중요한 인자로 여겨진다. 여성형 탈모에서도 일부는 남성형 탈모와 같은 경로로 일어나는 것으로 추정되고 있으나 임상적으로 그 양상에 차이가 있다. 원형 탈모증은 자가 면역 질환으로 여겨진다. 휴지기 탈모증은 내분비 질환, 영양 결핍, 약물 사용, 출산, 발열, 수술 등의 심한 신체적·정신적 스트레스 후 발생하는 일시적인 탈모로, 모발의 일부가 생장 기간을 다 채우지 못하고 휴지기 상태로 이행하여 탈락되어 발생한다.

남성형 탈모는 주로 대머리의 가족력이 있는 사람에게서 나타나는데, 20대나 30대부터 모발이 점차 가늘어지며 탈모가 진행된다. 보통 이마와 머리털의 경계선이 뒤로 밀리면서 양측 측두부로 M자 모양으로 이마가 넓어지며, 머리 정수리 부위에도 서서히 탈모가 진행된다. 여성형 탈모는 남성형 탈모와 비교하여 이마 위의 모발선이 유지되면서 머리 중심부의 모발이 가늘어지고 머리숱이 적어지는 특징이 있다. 탈모의 정도가 약하여 남성형 탈모에서처럼 이마가 벗겨지고 완전한 대머리가 되는 경우는 드물다.

원형 탈모증은 다양한 크기의 원형 또는 타원형의 탈모반(모발이 소실되어 점처럼 보이는 것)이 발생하는 점이 특징적이다. 주로 머리에 발생하고, 드물게 수염, 눈썹이나 속눈썹에도 생길 수 있으며, 증상 부위가 확대되면서 큰 탈모반이 형성되기도 한다. 머리카락 전체가 빠지면 온머리 탈모증(전두 탈모증), 전신의 털이 빠지면 전신 탈모증으로 구분한다.

휴지기 탈모증은 원인 자극 발생 후 2~4개월 후부터 탈모가 시작되어 전체적으로 머리숱이 감소하게 되며, 원인 자극이 제거되면 수개월에 걸쳐 휴지기 모발이 정상으로 회복됨에 따라 모발 탈락은 감소하게 된다.

탈모 치료는 남성형 탈모, 여성형 탈모의 경우, 미녹시딜 등의 바르는 약, 피나스테라이드 등의 먹는 약, 모발 이식술 등이 이용되고 있으며, 원형 탈모증의 치료를 위해서는 국소 스테로이드 제제나 전신 스테로이드 제제, 면역 요법 등이 이용되고 있다. 휴지기 탈모증은 원인이 제거되면 모발이 회복되므로 원인을 확인하고 치료하는 것이 중요하다.

최근에는 탈모 치료에 적합한 여러 가지 레이저 파장을 사용하여 모근을 생성시키고 성장시키며 두피의 혈액순환을 도와 건강하게 하는 치료법이 적용되고 있다. 그 외 자가혈액 등에서 얻은 재생 인자 등을 주사하여 탈모를 치료하기도 한다.

이지에프(EGF)

이지에프(Epidermal Growth Factor) 폴리펩타이드라는 단백질로서 세포를 생성하도록 유도하는 전달 물질이며, 여러 종류의 세포에 작용해서 세포를 형성하도록 촉진시키는 성장 인자이다. 이지에프 단백질은 세포의 외부 벽에 있는 이지에프 리셉터와 결합하여 작용하게 되는데, 세포내에서 시그널 트랜스덕션이라는 전달체계에 의해 DNA가 증식되어 새로운 세포를 형성하게 되는 것이다.

이지에프는 세포를 재생시켜 상처를 회복하게 하는 효력이 있다. 우리가 상처를 입게 되면 제일 먼저 혈소판에 의해 지혈을 시키는 과정이 3~5분 내에 일어나게 된다. 혈소판과 주변 피부 세포에서 분비되는 이지에프나 다른 성장 인자들은 염증에 관여하는 세포를 불러들이고 재생하게 하여 상피 조직이 만들어지며 콜라겐이 형성되고 피부가 회복되는 것이다.

화상이나 당뇨성 궤양 등 깊은 상처가 있을 때, 이지에프는 치료 기간을 단축시키고 조직이 빨리 회복되게 한다. 이러한 이지에프의 세포 재생 기능은 주름 제거에도 탁월한 효능을 가지고 있어서 생명 공학 방법으로 재조합 생산되어 의료 목적으로 사용되고 있다.

미용 성형

　미용을 목적으로 하여 행하는 특수 외과술이다. 미용 성형은 특히, 여성의 경우 모습을 아름답게 하기 위한 하나의 교정술이다. 이것은 임상의학의 정형외과와는 본질적으로 다르고, 성형외과와도 그 목적을 달리하고 있다. 그러나 실제에서는 정형외과와 성형외과 의사가 담당하고 있으므로 그 영역으로서는 공통되는 것이 많다. 따라서 담당 의사는 미용성형에 숙련된 기술을 지녀야 한다. 미용성형은 발육이 대개 정지되는 18세 이상의 사람을 대상으로 한다. 이것은 수술한 부위가 국부적으로 발육이 늦어져 다른 부분과의 균형이 맞지 않아 보기 흉하게 되는 일이 있기 때문이며, 부득이한 경우에는 성장에 따라 몇 번이고 수술을 되풀이하는 경우도 있다.

　미용성형은 병적인 것을 취급하지 않기 때문에 의료보험은 적용되지 않는다. 그러나 성형외과의 영역에서는 적용되는 것도 있으므로 수술 전에 전문의와 잘 의논하여야 한다.

▶쌍꺼풀 수술

　미용 성형 중 가장 많이 행해지는 것으로, 상안검이 열릴 때 주름이 지도록 처치한다. 방법에는 절개를 가하거나 고주파 전류를 이용하는 경우도 있으나, 일반적으로는 절개하지 않고 결막면 또는 상안검의 피부면에서 처치하는 방법을 쓴다. 이 방법은 특수한 실을 사용하여 봉합하는 것으로, 상당한 숙련을 요한다. 양쪽 눈꺼풀을 동시에 시술하더라도 종료되기까지 10여 분이면 끝난다.

▶눈가 잔주름 제거술

상안검에 지방이 축적되어 부어 있을 때는 탈지술을 행하고, 반대로 지방 부족으로 함몰되어 있을 때는 육질주사에 의해 불룩하게 하거나 봉합하여 다소 늘어지게 한다. 눈꼬리 가의 잔주름은 하나로 뭉치거나 봉합·축소하여 없애는 방법을 쓴다.

▶코 성형술

가장 많은 것이 융비술이며, 대개는 플라스틱(주로 실리콘 계열)을 사용한다. 즉, 플라스틱을 의골재료로 하여 인공연골을 희망하는 모양이나 높이로 만들어 비공의 안쪽을 절개하여 비골의 상방에 삽입하는 방법과 액상 플라스틱이나 육질약액을 주입하는 방법이 있다.

실제로는 코의 모양에 따라 플라스틱을 사용하거나 부분적 절제 또는 봉합 등도 한다. 매부리코나 콧마루에 층이 진 코의 경우는 돌출한 부분을 삭제하고, 낮은 곳은 육질주사로 돋우어주며, 때로는 플라스틱의 삽입만으로도 정형이 되는 경우가 있다. 둥근코(경단 모양)나 들창코 등은 비연골의 봉합이나 여분의 살을 절제함으로써 정형되며, 비공의 모양이 좌우 비대칭일 때도 행한다.

▸입술 성형술

입술이 지나치게 두껍거나 균형이 맞지 않는 것이 대상이 된다. 안쪽에서 절개하여 지방조직을 제거함으로써 얇게 하거나 반대로 지나치게 얇을 때는 육질주사로 응용되나, 점막을 V자형으로 절개하여 피하지방을 집결 고정하고는 T자형에 맞추어 적당한 두께로 정형하는 방법이 쓰인다. 그리고 입 언저리의 정형에는 치아나 턱의 교정 등도 있다.

▸보조개 성형술

체질적으로 여윈 사람, 볼이 함몰된 사람, 연령적으로 피하지방이 적어진 사람 등이 대상이 된다. 플라스틱을 삽입하는 외에 육질주사로 보조개를 인위적으로 만들기도 하며, 볼 안쪽의 점막을 절개하여 특수한 실로 피하조직과 근육을 봉합한다.

▸턱 성형술

아래턱이 돌출해 있거나 지나치게 작을 때 행한다. 코의 경우와 같이 깎거나 플라스틱을 삽입하거나 육질주사를 할 때도 있다. 이중턱은 턱 아래의 지방과 여분의 피부를 제거하고, 아래턱 뒤쪽에서 봉합하여 동시에 귀 후방부에서 끌어올리듯이 기워 붙인다.

▸귀 성형술

귓불이 빈약한 것은 육질주사로 두툼하게 하고, 얼굴에 맞게 세우거나 높인다.

▶가슴 성형술

가슴의 모양은 유방에 의하여 거의 결정되기 때문에 유방의 정형이
주가 된다. 처진 유방은 유두와 유선을 상방으로 이동시켜 고정시키고,
유선의 일부를 번갈아 겹치도록 하여 내부에서 끌어올린다. 편평하고
작은 유방에는 플라스틱을 삽입하고, 함몰된 유두는 주위의 피부를 절
개하여 유두를 끌어내어 봉합한다.

ANTI-AGING

성형이 단순히 젊은이들만의 전유물이 아니라 노년 세대에서도 대중화되고 있는 것이
다. 여기서 주목해야 할 점은 사회 활동을 하고 있는 노인들만 외모에 신경을 쓰는 것
이 아니라 은퇴 이후의 노인들도 성형외과, 피부과를 찾아 시술을 받는다는 점이다. 그
러나 노년층의 성형 목적은 젊은 세대와는 다르다. 예뻐지기보다는 젊게 보이거나 불편
한 기능의 개선이 우선이다.

ANTI-AGING

히포크라테스가 말하기를 "음식으로 고치지 못하는 병은 약으로도 고칠 수 없다"고 했다. 우리말에도 "밥 잘 먹는 것이 최고의 보약"이라는 말이 있듯이 먹는 것은 노화 방지를 위해 매우 중요하다. 오늘날 식생활의 서구화, 입맛에 길들여진 편식, 야밤에 야근을 핑계로 하는 야식, 화가 나서 먹는 폭식, 체질은 뒷전이고 흉내 내어 찾아 먹는 미식 등의 잘못된 식생활은 위장과 간, 췌장에 무리를 주어 기능을 약화시키는 악순환을 유발한다. 몸에 좋지 않은 음식을 한두 번 먹는 것은 괜찮지만, 지속적으로 먹게 된다면 분명히 문제가 생기고 만다. 마치 가랑비에 옷 젖듯이 여지없이 건강을 잃게 되는 것이다. 결국에는 때 늦은 후회와 함께 새로운 다짐을 하게 되지만, 이미 한 번 잃은 건강은 다시 찾기가 여간해서 쉽지 않다.

CHAPTER 8

식이요법을 통한

안티에이징

모든 병은
잘못된 식습관의 결과

우리가 먹는 모든 음식물은 단순한 먹을거리를 넘어서 천혜의 자연에서 얻어지는 귀한 선물이며 보약이라고 한다. 중국에서는 지구상에서 자라고, 날고, 헤엄치는 모든 것, 즉 모든 동식물이 거의 다 요리에 활용되는데, 이것을 보면 우리 주변의 모든 것이 먹거리로 활용될 수 있음을 알 수 있다.

히포크라테스가 말하기를 "음식으로 고치지 못하는 병은 약으로도 고칠 수 없다"고 했다. 우리말에도 "밥 잘먹는 것이 최고의 보약"이라는 말이 있는데, 이것을 약식동원(藥食同源)이라고 한다. 즉 "약과 음식은 근원이 같다"는 뜻이다. 다시 말해서 "음식을 잘 먹으면 건강해진다"는 뜻이다. 그럼 잘 먹기 위해서 어떻게 해야 할까? 그것은 매우 복잡한 과정을 거친다.

음식물이 어떤 물(좋은 물, 나쁜 물)을 만나느냐, 어떻게 조리(찌고, 삶고, 볶고, 튀기고, 굽고, 익히고 등)하느냐, 어떤 양념과 조미료를 만나느냐, 그릇은 무엇(쇠그릇, 나무그릇, 플라스틱)을 쓰느냐에 따라 사람의 몸에 좋은 음식이 되거나 나쁜 음식이 된다.

그리고 조리된 음식이 사람의 뱃속으로 들어갔을 때, 그 사람의 의식 상태(즐거운 마음, 어두운 마음, 스트레스 여부)나 소화기 및 건강 상태 등도 건강을 결정짓는 중요한 변수가 된다. 또한 음식물이 체내에 적정량 흡수 되었느냐의 여부와 누구와 같이 먹고 사느냐(환경적 요인)도 건강을 결정짓는 중요한 기준이 된다. 이처럼 음식물은 무수한 변수를 만나 사람을 건강하게도, 병약하게도 만드는 주요 요인이기도 하며, 때에 따라 사람을 죽이기도 한다.

이렇게 음식이 우리 몸에 중요한 역할을 함에도 불구하고 아무것이나 때깔만 보고, 남이 먹으니까, 화풀이로, 배만 채우기 위해서, 심심풀이(인스턴트 식품)로 먹는 경우가 많다. 특히 식생활의 서구화, 입맛에 길들여진 편식, 야밤에 야간근무를 핑계로 하는 야식, 화가 나서 먹는 폭식, 체질은 뒷전이고 흉내 내어 찾아가 먹는 미식 등은 위장과 간, 췌장에 무리에 무리를 주어 기능이 떨어지게 하는 악순환을 유발할 수 있다.

몸에 좋지 않은 음식을 한두 번 먹는 것은 괜찮지만, 지속적으로 먹게 된다면 분명히 문제가 생기고 만다. 마치 가랑비에 옷 젖듯이 여지없이 건강을 잃게 되는 것이다. 결국에는 때 늦은 후회와 함께 새로운 다짐을 하게 되지만, 한 번 건강을 잃으면 다시 찾기가 여간해서 쉽지 않다.

과거 우리의 식습관은 곡류와 콩류, 채소, 어패류 등이 주를 이뤘으나 입맛의 서구화로 최근에는 쌀 대신 육류나 유제품, 과일과 설탕의 소비가 늘고 있다. 문제는 식생활의 변화에 따른 영양 불균형 상태가 질병 발생의 주요인이 되고 있다는 점이다. 우리나라 사람들의 먹거리가 점점 고기 위주로 바뀌고, 환경오염이 심해지면서 서구형 질병으로 숨지는 사람들이 크게 늘고 있는 것이다.

최근 통계청의 통계자료를 보면 65세 이상 고령자의 사망 원인을 분석한 결과, 대장암과 당뇨병으로 인한 사망이 20년 전보다 약 7배 가까이 급증한 것으로 나타났다. 원래 대장암은 육식을 즐기는 선진국에서 많이 발생하였지만, 점차 우리나라에서도 늘고 있다. 이러한 원인은 우리의 식단이 점차 서구화되어 육식이나 설탕을 많이 먹게 됨으로 대장암이나 당뇨병이 증가해 가고 있다는 것을 의미한다.

이처럼 건강하게 살기 위해서는 식습관이 중요한 것을 알 수 있다. 사자성어 중 '습여성성'(習與性成)이라는 말이 있는데, 습관이 오래되면 마침내 천성이 된다는 뜻이다. 즉 어릴 때부터 굳어진 식습관은 평생을 지배하며, 결국에는 사람을 죽이고 살릴 수도 있음을 명심해야 할 것이다.

진수성찬을 많이 먹는 것이 중요한 것이 아니라 밥 한 공기, 김치 한 가지만이라도 정성스럽게 감사한 마음으로 먹는 마음자세가 중요하다. 즉 아무리 빈약한 음식이라도 즐거운 마음으로 먹는 습관을 기른다면 건강이 좋아지겠지만, 아무리 맛있는 음식도 맛없이 먹는 습관을 들이면 나쁜 영향을 미치고, 결국에는 우리의 건강을 좀 먹게 된다는 것을 명심해야 한다.

풍족함이
오히려 수명을 단축시킨다

종종 어린 시절에 맛있게 먹던 음식들이 어른이 되어 먹어보면 예전의 그 맛이 아니고 초라하게 여겨질 때가 있다. 어릴 때 먹던 물고구마는 입에 안겨지는 달콤한 간식이었는데, 지금은 그 토양이 아니어서인지 빛깔 좋은 호박고구마가 대신 자리하고 부드럽고 질척한 물고구마는 모습을 감춰 버렸다.

먹고 살기 어려웠던 60년대를 살았던 성인들은 풍족함에 겨워하는 아이들을 보면서 가끔 보릿고개 이야기를 자주한다. 보릿고개란 가을에 수확한 양식은 바닥이 나고 보리는 미처 여물지 않은 5~6월을 말한다. 물자가 부족했던 시절 농가에서는 이 시기가 되면 식량이 모자라 굶주리며 힘들어 했으며, 풀뿌리나 나무껍질로 배고픔을 달래야 했다.

그러나 먹을 것이 풍족한 지금은 보릿고개가 무엇인지 아는 아이는 거의 없다. 부모가 아이들에게 어릴 때는 먹을 것이 없어서 배고프고 힘든 어린 시절을 보냈다고 하면, 아이들은 "빵 먹으면 되지" 또는 "라면 먹으면 되지"라고 말하는 경우가 많다. 돈이 없어서 그랬다고 하면 "은

행에서 찾으면 되지"라고 말한다. 부족함이 없이 자란 아이들은 아무리 말해도 가난하고 힘든 것을 이해하기 어렵다. 어쩔 수 없는 일이기는 하나 한편으로는 참 씁쓸한 이야기다.

보릿고개를 경험하던 1950년대, 먹는 것이 부족했던 1960년대에는 걸리던 병의 종류도 주로 못 먹어서, 영양의 불균형으로 인한 영양실조가 가장 큰 질병이었다. 요즈음은 먹는 것만큼은 걱정하지 않게 되었고, 양으로 식사를 하던 시대에서 질로 승부를 하는 시대로 전환하였다. 그런데 지금처럼 영양이 풍부한 식사를 하고 의술이 발달한 시대에 이름 모를 각종 질병들이 새롭게 생겨나는 이유는 무엇일까?

자연치유학자들은 그것은 바로 먹거리가 풍성해지면서 새로운 유전 형질을 가진 음식물을 먹거나 잘못된 식습관 때문에 병이 새로 생겨나기 때문이라고 말한다. 의학자들도 질병을 일으키는 병균도 결국은 입이나 코로 전염되기 때문에 어찌 보면 먹는 것이 문제라 할 수 있다고 한다. 결국 지금 우리가 만나고 있는 모든 병은 먹어서 생기는 것이라고 할 수 있다. 따라서 예전에 비해서 생소한 질병들이 생겨난 이유는 결국 먹거리가 풍부해지고 먹지 않던 것을 먹게 되다 보니 생긴 것이라고 유추해볼 수 있다. 즉 배고픔을 채우려는 시대에서 식도락을 즐기기 위한 문화로 바뀌어 가면서 예전에는 알지 못했던 희귀한 질병들이 많이 생겨났다는 것이다. 예를 들면 AIDS, 광우병, 괴질, 0157, 조류독감, 각종 암 등 이름조차 너무나 생소한 질병들이 많이 생겼다.

이러한 경우를 소의 광우병에서도 찾아볼 수 있다. 1986년 영국에서 처음 보고된 광우병은 소의 뇌에 구멍이 생겨 갑자기 미친 듯이 포악해지고 정신이상과 거동불안, 그리고 난폭해지는 등의 행동을 보이는 만성 신경성 질병이다. 광우병에 걸린 소의 뇌는 특정 부분이 스폰지처럼 변형되어 각종 신경증상을 보이다가 폐사한다. 광우병에 걸린 소를 사람이 먹게 되면 2~5년의 긴 잠복기와 불안, 보행장애, 기립불능, 전신마비 등의 증상을 보이다가 결국은 100% 사망하는 치명적인 만성 진행성 질병이다.

광우병은 영국의 소 사육업자들이 70년대부터 소에게 양고기를 사료로 먹이기 시작하면서부터 발생하였다. 원인은 여러 가지를 유추해볼 수 있지만, 가장 강력한 것은 초식동물인 소에게 성장을 빠르게 하기 위해 사료에 동물성 사료를 넣음으로써 예전에는 먹어보지 못했던 새로운 유전자가 들어옴에 따라 그것을 소화하기 위해 스트레스가 증가했을 것으로 보고 있다. 결국 소는 심한 스트레스로 인하여 소의 뇌가 구멍이 뚫려 스폰지처럼 변형되어 사망하게 된다. 문제는 사람이 광우병에 걸린 쇠고기를 먹게 되면, 똑같이 병에 걸려서 사망하게 된다는 것이다.

이처럼 소도 매일 먹던 초식에서 벗어나 동물성 사료를 먹게 됨에 따라 스트레스를 받아 뇌에 구멍이 뚫리는 광우병에 걸렸듯이, 사람 또한 예전에는 먹어 보지 못했던 새로운 음식들로 인해 식도락을 즐길 수는 있어도, 이로 인해 우리의 몸이 어떻게 소화를 시켜야 할지 몰라서 스트레스를 받게 되어 이름 모르는 질병들이 증가하는 것이 가장 큰 문제라고 할 수 있다.

과학적으로도 현대인들은 먹을거리가 풍부해진 반면 신체 활동량은 급격히 줄어들었기에 인슐린이 제대로 만들어지지 않거나 제 기능을 하지 못해 여러 가지 비만과 당뇨 등 성인병이 복합적으로 나타나고 있다. 극단적으로 '초식동물'에 가까웠던 한국인에게, 서양인에게는 거의 100년에 걸쳐 일어난 식생활의 변화가 최근 20~30년 사이에 급하게 일어났다. 서구형 식사 패턴이 도입되고 육류 섭취가 늘어나면서 한국인의 평균 콜레스테롤 수치는 1990년까지만 해도 평균 161mg/㎖였으나 2002년에는 191mg/㎖, 현재는 200mg/㎖을 훌쩍 넘어섰다. 게다가 한국인은 유전적으로도 중성지방을 처리하는 능력이 서양인에 비해 떨어져 대사증후군과 관련된 질환으로 인한 사망률이 더욱 증가하고 있다.

이처럼 현대인들은 이제 못 먹어서 생기는 병이 아니라 너무 지나친 영양 상태로 과거와 달리 과부하가 걸려서 병에 걸린다는 것을 명심해야 한다.

강장식품에 대한 과신

동서양을 막론하고 강장식품에 대한 관심은 높지만, 한국만큼 관심이 높은 곳은 없다. 서구에서는 녹용, 웅담을 거저 줘도 먹지 않는데, 몸에 좋다는 이유로 세계 녹용 생산량의 80%를 우리나라에서 수입하고 있는 것만 보아도 알 수 있다.

한국인이 즐겨 찾는 강장식품에는 개고기, 장어, 지렁이, 뱀, 미꾸라지, 두더지, 굴, 잉어, 가물치, 녹용, 전복, 지네, 두꺼비, 개구리, 오골계,

흑염소, 곰발바닥, 해구신 등 매우 다양한 종류가 활용되고 있다. 강장식품에는 주변에서 쉽게 구해 먹을 수 있는 것도 많지만, 특이한 동물이나 혐오 식품도 적지 않다.

그러나 예로부터 전해 내려온 이러한 강장식품들이 오늘날의 영양학적인 관점에서 볼 때 모두 인체에 이로운 것이냐에 대해서는 한 번 고민해 볼 필요가 있다. 강장식이라고 알려진 것은 민간요법에 의하여 알려져 당연히 좋을 것이라고 막연하게 생각하기 때문이다. 그러나 민간요법에서 강장식품이라고 하는 것이 반드시 영양가가 높은 것은 아니다. 때로는 개인 특유의 체질과 조리방법에 따라 질병을 가져오는 원인이 되는 수도 있으므로 주의를 기울여야 한다.

현재 수많은 의학자들이 강장식품에 대하여 과학적으로 평가하고 검토하는 연구가 많이 이루어지고 있다. 그러나 영양학적으로 일부가 밝혀졌을 뿐 아직도 완전한 과학적 근거가 마련되지 못한 채 관습적 또는 신앙적으로 사용되는 것이 적지 않다.

한국 사람들이 강장식품으로 가장 많이 먹는 보신탕은 특별히 몸을 보하는 음식으로 믿고 있는 사람이 적지 않다. 그렇다면 과연 개고기, 뱀탕, 장어가 쇠고기나 다른 고기들보다 월등하게 좋은 영양 효과가 있는 것일까? 또 이러한 강정식품이 정력제로 좋다고 하는데 과연 그럴까?

강장식품을 분석해 보면 영양분 중에서 단백질이 유난히 많다거나 지방분이 포화지방산으로 되어 있다든가 하는 등 특이한 성분이 들어 있어 효과를 나타낸다는 식으로 알려져 있다. 그러나 이러한 사실이 강장식품이 다른 식재료 비해 값비싼 만큼의 특별한 효과가 있다고 장담할 수 있는 근거가 될 수는 없다.

남자들이 좋아하는 강장식품들을 보면, 보편적으로 단백질이 많은 것들이 대부분이다. 지금까지 밝혀진 바에 의하면 이들 대부분은 단백질성 식품으로, 단백질이 부족하면 성호르몬의 분비 역시 감소되어 스트레스와 섹스에 약해지는 것은 당연하다고 볼 수 있다.

단백질은 영어의 어원은 그리스어로 제일이라는 뜻인 proteios에서 유래한 만큼 단백질은 생명현상에서 제일 중요한 물질이라 할 수 있다. 우리가 즐겨 먹는 고기, 우유, 콩과 같은 곡물에 함유되어 있는 단백질은 우리 몸의 근육, 피부, 뼈 그리고 신체의 다른 구조물의 주요 구성 원료이다. 신체의 모든 생화학 반응을 조절하는 물질인 효소와 호르몬 역시 단백질로 구성되어 있다. 단백질은 기본단위인 아미노산이라는 물질이 일렬로 연결되어 복잡하게 구부러지거나 엉킨 형태를 이룬 커다란 복합체로, 세포질의 주요성분으로서 인체의 구조적 기본을 형성한다. 그리고 신체의 유지와 발육에 중요한 성분으로 작용한다.

그렇다면 음식물 중에서 단백질이 가장 많은 것은 무엇일까? 그것은 강장식품이 아니라 달걀이다. 실제로 달걀의 단백가는 완전수인 100이다. 이는 돼지고기의 단백가가 86이고, 쇠고기는 83, 우유가 78, 생선이 70임을 감안할 때, 가장 이상적인 단백질이라는 뜻이다. 특히 달걀은 생명을 잉태시키는 데 필요한 모든 영양소가 들어 있기 때문에 단백질에 관한 한 완전식품이라고 부를 수 있다. 따라서 다른 강장식품들만 먹었을 때는 단백질은 많은 반면 다른 영양소가 부족해서 영양실조에 걸릴 수 있지만, 달걀은 모든 영양소를 가지고 있는 완벽한 식품이기 때문에 달걀만 먹고도 살 수 있다.

뿐만 아니라 인삼 같은 식물이 좋은 약이라고 하나 그 약으로 치료되는 병이 무엇인지에 대해서는 구체적인 사례는 없다. 인삼에는 사포닌이 들어 있어서 고혈압과 당뇨병에 효력이 있다는 말이 있지만, 실제로 사포닌이 가장 많이 들어있는 식물은 콩이다. 날콩을 먹으면 콜레스테롤이 줄어들 뿐만 아니라, 당뇨병 등 모든 병에 효력이 좋다. 또한 주식으로 콩만 먹어도 건강을 유지할 수 있지만, 인삼만을 먹고는 건강을 유지할 수도 없고 살아갈 수도 없다.

이처럼 우리가 강장식품이라고 생각한 것들은 정확한 검증이 안 되어 있음에도 불구하고, 여전히 많은 사람들이 건강을 보장하는 것으로 과신을 하고 있다. 결국 강장식품은 생각만큼 커다란 효능이 없으며, 너무 과신하게 되면 오히려 자신의 건강을 해칠 수도 있다는 것을 잊어서는 안 된다.

잘못된 음식으로 인한 문제

진시황제는 최초로 중국을 통일하는 과업을 이루었다는 점에서 중국 역사상 독보적인 존재로 평가받는 인물이다. 그러나 그는 통일제국에 대한 지나친 집착으로 인해 폭군으로 부각되는 상반된 평가를 받고 있기도 하다. 그는 불과 13세의 어린 나이에 진왕에 즉위하였으며 49세의 나이로 사망했다.

옛 사람들의 가장 큰 관심은 불로장생이었다. 생활이 힘들고 음식이 충분하지 않아 병들고 일찍 죽는 것이 흔한 일이었기 때문에, 건강하게 오래 산다는 것은 이미 그 자체가 개인의 건강뿐 아니라 그에 따르는 사회적인 지위나 문화적인 수준 등 삶의 질을 나타내 주는 말이었다.

천하통일의 대업을 이룩한 진시황도 자신의 죽음에 대해서는 두려워하지 않을 수 없었다. 그리하여 그는 어떻게든 죽음을 피하고 싶었다. 그래서 진시황은 서시에게 어린 소년·소녀 3,000명과 많은 보물을 실은 배를 거느리고 동해에 있다는 신선이 사는 섬에 가서 불로장생의 약초와 약을 구해오도록 하였다. 그런데 서시는 몇 년이 지나도록 약을 구하지 못하자 후환이 두려워 일본 쪽으로 도망쳐 버렸다.

하여간 진시황은 생존해 있는 동안 몸에 좋다는 모든 음식들은 다 먹어보았다. 일설에 의하면 하루에 200명의 요리사가 그를 위해 매일 다른 요리를 해서 바쳤다고 한다. 그런데 그토록 좋은 것만 먹은 진시황이 왜 49세의 나이에 사망한 것일까?

꼭 중국에서만 예를 들을 것 없이 우리나라에서도 조선조 500년 동안 27명의 임금 중에서 60세 이상 산 왕은 불과 5명밖에 없다. 왜 이런 현상이 나타나는 것일까? 먹고 싶은 것을 마음대로 먹고 하고 싶은 것을 마음대로 했음에도 불구하고 대부분이 단명하게 된 이유는 무엇일까? 단명한 이유에는 여러 가지가 있지만, 그중에서 가장 설득력 있는 것은 몸에 좋다는 것을 너무 많이 먹었기 때문이라는 것이다.

식재료 중에서 흔하고 평범한 것들은 오랜 생명력을 가지고 오랜 역사를 가지고 애용되고 있다. 그러나 특이한 재료들은 반짝했다가 사라지는 경우가 많다. 예를 들어 햇빛, 공기, 물, 흙, 식물, 미생물, 곤충 등 가장 흔하고 평범한 것들이 생명을 지탱해 주는 가치 있고 귀중하고 신비한 것들이다. 마늘이나 쑥은 기원전 단군신화에서부터 등장하여 현재까지도 그 효능이나 가치를 인정받고 있다.

반면에 갑자기 나타나 반짝 몸에 좋다고 하여 한 번 떠들썩하다 금방 잊혀지고 말거나 건강에 치명적인 경우도 많다. 그럼에도 불구하고 사람들은 몸에 좋은 새로운 음식이 나왔다고 하면, 건강에 좋은지에 대한 검증도 하지 않고 도전하는 경우가 많다. 몸에 좋다는 음식이라면 뱀, 개구리, 지네, 곰 등 아끼지 않고 먹는 한국인의 보신 행각은 이미 세계적으로도 유명하다. 문제는 보신 음식을 먹으면 정력이 세질 것이라는 생각이 과학적 근거가 전혀 없는 것이라는 사실이다. 심지어 뱀이나 개구리, 지네에게서 자주 발견되는 기생충인 고충은 눈, 뇌, 심장, 척수 등 사람의 신체조직을 뚫고 들어가 장천공, 복막염, 척수신경 마비 등을 일으키는 등 무서운 기생충이다. 또한 특수한 것일수록 불결하게 유통되어 몸에 어떤 결과를 줄지 아무도 모른다는 것이다.

옛말에 "물을 갈아 마시면 배탈이 난다"라는 말이 있다. 이 말의 뜻은 여행을 가서 평소 먹던 물을 먹지 않고 그 지역의 물을 먹게 되면 배탈이 난다는 것을 의미한다. 물속에는 미량의 중금속, 미생물, 세균도 들어 있고 철분, 미네랄도 들어 있다. 사람의 몸은 오랫동안 마셔 온 물에 어느 정도 면역력이 생겨서 웬만한 것은 다 받아들이고 걸러낼 수 있다. 그러나 물을 바꾸어 먹게 되면 물속에 있는 미량의 중금속, 미생물, 세균의 수가 먹던 물과 달라 배탈이 나는 것이다.

이러한 현상은 비단 물의 경우만이 아니라 음식에서도 충분히 볼 수 있다. 음식도 먹어보지 않은 것을 먹게 되면 배탈이 나는 경우가 많다. 그래서 음식이 풍성한 잔칫집에 다녀와서 배탈이 나는 것도 평소에 먹지 않던 음식을 먹었기 때문이다.

우리 주변에서도 새로운 음식이 나오면 꼭 먹어 보겠다고 해서 호기심으로 먹다가 배탈이 나는 경우를 종종 본다. 매일 먹는 음식도 물처럼 면역력이나 안정성이 높지만, 새롭게 도전하는 음식은 갑자기 몸 안으로 들어옴에 따라 우리의 몸은 어떻게 소화할지 몰라 스트레스가 생기기 때문에 탈이 난다. 따라서 진정으로 건강을 위한다면 안전이 검증되지 않은 새로운 음식에 도전하기 보다는 흔하고 평범한 음식을 즐겁게 먹는 것이 가장 좋은 방법이다.

활성산소가 많은 음식

인간의 생명 유지에 절대적으로 필요한 것이 바로 산소다. 만약 산소가 없다면, 우리는 잠시도 생의 기쁨을 맛볼 수 없을 것이다. 산소는 호흡을 통해 몸속에 들어와 혈관을 따라 몸의 구석구석까지 퍼져 살아가는 데 필요한 에너지가 된다. 이처럼 산소는 동물이 호흡하며 살아가는 데 없어서는 안 되는 중요한 물질이다. 하지만 때로는 질병을 유발하거나 사망에 이르게 하는 유독 물질이 될 수도 있는데, 산소가 만들어 낸 유독 물질이 바로 활성산소이다.

산소가 혈관을 따라 각 조직으로 운반되는 과정에서 혈액 순환이 원활하지 못할 때 불가피하게 세포를 파괴시키는 유해 물질을 부산물로 만드는데, 이것을 일명 '산소 대사의 찌꺼기'라고 할 수 있는 활성산소라고 한다. 평소 우리가 마시는 산소의 약 1~2% 정도가 활성산소로 변한다.

활성산소는 무조건 나쁜 것은 아니다. 우리 몸에 각종 유해균이 침투할 때 백혈구가 방어와 공격의 자세를 취하는데, 이때 활성 산소가 감초 역할을 도맡아 병원체를 몸속에서 버틸 수 없게 만들어 주기도 하고, 백혈구의 찌꺼기 세포를 분해하는 역할을 한다. 적정량의 활성산소는 이처럼 긍정적인 역할을 하지만 활성산소는 장점보다 단점이 많은 물질이다.

활성산소가 과도하게 만들어지면 여분의 활성산소는 혈관 내벽과 장기를 공격하여 여러 가지 장애를 일으키게 된다. 또한 세포의 유전자를 절단하여 암을 발생시키고 세포의 조직을 손상시켜 노화와 질병을 유발시키는 하나의 인자가 된다고 한다. 뿐만 아니라 활성산소는 몸 안 곳곳을 돌아다니면서 혈관을 막아 관절염, 면역 약화, 세포의 손상, 노화 촉진, 당뇨병, 중풍, 치매 등을 일으킨다는 연구결과 보고되고 있다. 일부에서는 현대의 질병 중 90% 이상이 활성산소 때문이라고 한다.

과도한 스트레스, 자외선, 방사선, 자동차와 공장의 배기가스, 농약이나 살충제 등의 화학 물질, 방부제나 색소가 들어 있는 인스턴트식품, 흡연과 음주 등도 활성산소를 만들고, 과식으로 인해 남은 칼로리도 활성산소의 생성을 촉진한다. 또한 과도한 운동도 체내 활성산소를 증가시키므로, 운동은 등에서 땀이 약간 배어나올 정도의 가벼운 운동을 하는 것이 좋은 것으로 알려져 있다. 이 중에서 특별히 눈여겨보아야 할 것이 스트레스와 인스턴트식품으로 인한 활성산소 생성이다.

인간이 가진 식욕, 성욕, 수면욕 같은 생리적인 욕구와 안전에 대한 욕구, 명예욕, 성취욕 중 어떤 욕구라도 좌절하게 되면 스트레스를 받게 된다. 이렇게 우리 몸이 스트레스를 받게 되면 노라아드레날린 계통의 호르몬이 분비되고, 이 호르몬은 대량의 활성산소를 발생시켜 노화가 빨라지고, 치매, 혈관 수축, 혈압 상승, 혈액 흐름장애 등으로 이어지게 된다.

또한 인스턴트식품을 많이 먹으면 활성산소가 생긴다. 인스턴트 음식 중에서도 특별히 기름에 굽거나 튀긴 음식 또는 방부제나 색소가 많이 들어가 있는 음식은 활성산소를 많이 유발시키는 원인이 된다. 특히 길에서 파는 튀긴 음식이나 생선은 직접 자외선(직사광선)을 받으면 과산화지질을 형성하여 피부의 탄력을 좌우하는 섬유가 취약해져 주름살이 생기거나 색소 침착을 일으키는 등의 노화 현상을 촉진하고, 동맥 경화, 간질환 등으로 이어질 수 있다.

우리 몸에는 항산화제(SOD; Super Oxide Dismutase)라는 효소가 있어 몸속의 독인 활성산소를 중화시키는 역할을 한다. 우리 몸에서 산화 작용을 예방할 수 있도록 도와주는 항산화제는 활성산소를 감지하면 바로 생성되어 독을 해독시킨다. 또한 세포막의 지질이 산화되는 것을 예방할 수 있도록 도와준다. 이 항산화제 분비량에 따라 수명이 결정되며, 항산화제 분비량이 적으면 그만큼 질병 발생의 위험이 높아져 수명을 단축시키게 된다. 항산화제는 나이가 들면서 활동(생성)도 쇠퇴하게 된다.

활성산소를 억제하고 중화시키는 항산화제의 생성과 활동을 강화시키기 위해서는 과일과 야채, 쌀 배아와 대두를 자주 먹는 것이 좋다. 과일과 야채가 가지고 있는 고유의 성분인 비타민B2, 비타민C, 비타민E(토코페롤) 등의 비타민류와 체내 흡수 시 비타민A로 변하는 베타카로틴은 활성산소를 중화시키는 항산화제 역할을 수행한다. 또한 녹차에 들어 있는 후라보노이드는 녹황색식물이 갖는 강한 항산화력의 원천으로, 활성산소를 분해하는 색소이다. 그리고 쌀 배아와 대두 사포닌은 혈중에서 여분의 콜레스테롤과 염분을 제거해 줄 뿐만 아니라 항산화작용을 병행하는 역할을 한다.

포화 지방산의
문제

우리가 에스키모라고 부르는 이누이트는 그린란드나 알래스카, 시베리아 등 북극해 연안에서 어로와 수렵 활동을 하며 사는 인종이다. 에스키모는 '날고기를 먹는 잔인한 사람들'을 나타내지만, 이누이트는 '눈을 아는 지혜로운 사람'을 뜻한다. 처음 교류를 시작한 캐나다 인디언들은 그들을 에스키모라고 불렀으나 지금은 이누이트라고 부른다. 이들은 에스키모란 명칭대로 찬 바다에 사는 고등어나 청어, 연어 같은 등 푸른 생선과 물개를 잡아서 날것으로 먹고 살았다. 그들이 이렇게 생선과 물개를 잡아 날것으로 먹은 이유는 따로 있었다. 야채나 과일을 구경조차 할 수 없는 추운 지방에서 비타민을 섭취하기 위한 나름대로의 대안이었던 것이다.

30여 년 전 덴마크의 의학자 다이아베르크 박사는 이상한 현상을 하나 발견했다. 바로 그린란드의 에스키모들이 심장병이나 동맥 경화 같은 심혈관 질환에 거의 걸리지 않는다는 사실이다. 그에 비해 인근에 위치한 덴마크에서는 당시 심혈관 질환의 발병률이 매우 높았다. 야채나 과일을 입에도 대지 않고 생선이나 물개 등 지방이 많은 음식만 먹는 에스키모들이 오히려 심혈관 질환에 걸리지 않는 이유는 무엇일까?

이 같은 의문에 대해 많은 과학자들이 주목했는데, 특이한 현상이 또 하나 관찰되었다. 그것은 그린란드의 에스키모들이 덴마크로 이주해서 살면 그들 역시 심혈관 질환의 발병률이 높아진다는 사실이었다.

이는 심혈관 질환의 주된 원인이 유전적 요인에 있는 것이 아니라 식생활 습관에서 비롯된다는 사실을 증명한다. 그 후 의문은 풀리게 되었다. 정답은 에스키모들이 먹는 생선과 물개 속에 풍부하게 함유된 오메가-3라는 지방산이었다. 결국 에스키모들이 추운 지방에서 생존할 수 있는 에너지를 얻고, 심장병이나 동맥 경화 같은 심혈관 질환을 예방할 수 있었던 것은 생선이나 물개 등이 가지고 있는 기름 성분 때문이었다.

이처럼 우리가 기름이라고 하는 지방은 농축된 에너지의 급원으로서 체내에 에너지를 효율적으로 저장해 두었다가 에너지의 섭취가 중단 또는 제한되었을 경우 사용되는 비상식량과 같은 역할을 한다. 또한 오메가-3라는 지방산은 심장병이나 동맥 경화 같은 심혈관 질환을 예방하고 치료하는 데 도움을 준다.

일반적으로 지방하면 다 똑같은 것으로 생각하지만 실질적으로 우리가 섭취하는 지방에는 포화 지방산, 고도 불포화 지방산, 단순 불포화 지방산의 3가지 형태가 있다.

포화 지방산은 분자 구조상에 '이중 결합이 없는 지방산'을 말하며 일반적으로 소, 돼지, 닭의 기름 성분을, 즉 동물성 기름을 포화 지방산이라 한다. 포화 지방산은 실온에 두면 굳어 버리는 성질을 갖고 있다.

불포화 지방산은 분자 구조상에 '이중 결합을 갖고 있는 지방산'을 말하며 일반적으로 그 분자 구조에 의해 액체 상태로 존재하는데, 생선에 들어있는 기름, 견과류에 들어있는 기름, 식물유 대부분이 이에 속한다.

불포화 지방은 이중 결합이 하나인 단순 불포화 지방산(오메가-9)과 여러 개의 이중 결합이 있는 고도 불포화 지방산으로 나뉜다. 고도 불포화 지방산은 다시 이중 결합의 위치에 따라 오메가-3와 오메가-6 지방산으로 나누어진다. 해바라기유, 옥수수유, 면실유 등 쿠킹 오일에 주로 오메가-6 지방산이 많고, 오메가-3는 아마유나 유채유, 호두기름 등과 등 푸른 생선에 특히 풍부하게 들어 있다. 불포화 지방산 중 단순 불포화 지방산은 다른 지방보다 우리 건강에 이로운 것으로 알려져 있다.

그러나 포화 지방산과 일부 고도 불포화 지방산은 심장 질환을 유발하거나 혈관을 경화시키는 등의 질환을 야기한다.

〈표 8〉 불포화 지방산과 포화 지방산

구분	종류
불포화 지방산	콩기름, 참기름, 들기름, 옥수수기름, 올리브유, 해바라기씨, 참깨, 콩류, 견과류, 고등어, 연어, 멸치, 정어리, 대구간유, 참치, 고등어, 꽁치, 삼치 등
포화 지방산	쇠기름, 돼지기름, 닭 껍질, 베이컨, 쇼트닝, 라아드, 버터, 코코넛유 등

따라서 단순 불포화 지방산은 많이 먹어야 하고, 포화 지방산은 덜 먹는 것이 좋다. 그러나 우리가 잘못된 상식을 갖고 있는 것 중 하나는 오리가 불포화 지방산이기 때문에 성인병에 좋다고 생각하는 것이나. 그러나 실제로 오리 기름은 불포화 지방산이 70% 정도이며, 나머지 30% 정도는 포화 지방산으로 우리가 생각하고 있는 것처럼 완전 불포화 지방산은 아니다. 또한 돼지고기에 들어있는 지방은 모두 포화 지방산이라고 생각하고 있지만, 의외로 돼지기름도 부위에 따라 불포화 지방산을 포함하고 있는 부위도 있다. 불포화 지방산은 많이 먹고, 포화 지방산은 덜 먹을 수 있는 방법은 다음과 같다.

• 콩기름 대신 올리브유나 케놀라유를 사용한다.
• 생선을 즐겨 먹는다.

- 고기를 먹을 때는 기름기가 없는 살코기 부위를 먹는다.
- 고기를 조리할 때는 보쌈과 같이 물에 삶아서 지방이 빠지도록 하는 것이 좋다.
- 단백질은 고기보다는 콩을 통해 섭취하는 것이 좋다.
- 소금이 가미된 아몬드와 같은 견과류는 피하는 것이 좋다.
- 땅콩은 구운 것보다 날 것을 삶아서 먹는 것이 더 좋다.

불포화 지방산이 많이 들어있는 기름으로는 올리브유와 케놀라유가 있다. 콩기름을 이용하여 요리를 하면 더 고소한 맛이 나며, 요리하는 데도 편리하다. 그러나 들기름은 튀김 요리를 할 수 없고, 지지는 요리를 해도 콩기름처럼 깔끔한 요리가 되지 않지만, 들기름에는 유용한 성분이 많이 들어가 있기 때문에 자주 사용하는 것이 좋다. 그리고 올리브유의 경우에도 고온에서 요리하는 데는 부적합하나 불포화 지방산이 많이 포함되어 있기 때문에 가능하면 튀기는 요리나 샐러드 요리에 사용하는 것이 좋다. 그리고 버터를 사용하면 훨씬 더 고소한 맛이 난다.

참고로, 불포화 지방산을 이용하여 요리를 할 경우에는 빠른 시간 내에 섭취하는 것이 좋다. 불포화 지방산이 산소와 결합하면 트랜스 지방을 만드는데, 이는 오히려 더 나쁜 영향을 주기 때문이다. 특히 길거리에서 파는 튀김 종류들은 눅눅해져 있는 경우가 많은데, 이것은 기름이 산화되었다는 증거이므로 주의할 필요가 있다.

산성
음식

　육식을 하는 현대인은 체질이 산성으로 변했다는 이야기를 흔히들 한다. 언젠가부터 모든 병이 체질이 산성화돼서 생기는 것처럼 알려져 있고, 이런 믿음으로 알칼리성 음식을 가려먹는 사람도 많이 생겼다.

　왜 사람의 신체를 산성 체질, 알칼리 체질로 나누게 되었을까? 이것은 일본의 한 학자가 30년 전에 주장한 이론으로, 일본 내에서도 공개적으로 별로 대두되지 못하고 있으나 우리나라에서는 아직까지 그 이론에 의하여 pH 다이어트나 산성 음식을 기피하고 있다.

　우리 몸의 60%는 물이고, 나머지의 대부분은 단백질이다. 따라서 몸은 체액이라 불리는 액체 성분에 단백질이란 고형 성분이 녹아 있는 것이라고 할 수 있다. 그런데 모든 단백질은 열과 산도에 의해 변성되기 쉬운 성질을 가지고 있으며, 열과 산도가 바뀌면 변성되면서 제 기능을 잃게 되기에 몸은 체액의 산도를 일정하게 유지하려는 장치를 갖고 있다. 그 장치가 바로 콩팥과 폐인데, 몸에서 산이 많이 생산되거나 산을 많이 섭취하면 콩팥은 소변을 통해 산을 배출하고, 폐는 이산화탄소를 배출하여 체액의 산도를 낮춘다.

　이처럼 우리 몸은 콩팥과 폐를 통해서 항상 일정한 체액을 유지하는데, 보통 사람의 체액 pH(용액의 산성도를 가늠하는 척도)는 7.4이다. 사람의 체액을 화학적으로 보면 약알칼리라고도 이야기하겠지만, 거의 중성에 가까워 결국 사람의 체질은 중성이다.

이와 관련하여 우리 몸의 체액이 외부에서 공급되는 음식물에 의하여 산성도에 영향을 준다고 생각하는 사람들과 주지 않는다고 생각하는 사람으로 나뉜다. 음식물에 의해 산성도가 영향을 받지 않는다고 생각하는 사람들은 대표적인 산성 식품인 육류를 먹었다고 해서 체액의 산도가 높아지는 건 아니라고 주장한다. 만약 체액이 사람에 따라 산성도가 다르다면, 환자의 혈액형에 따라 산성도가 맞는 적절한 피를 수혈해야 하는 것처럼 복잡한 일이 발생한다. 따라서 산성인가 알칼리성인가를 신경 쓸 일이 아니라 균형 잡힌 식사를 하는 것이 건강을 지키는 데 중요하다고 할 수 있다.

그러나 음식물에 의해 산성도가 영향을 받는다고 생각하는 사람들은 현재 대부분의 현대인들이 산성 과잉으로 고통당하고 있다고 주장한다. 이들은 우리가 먹는 음식들이 대부분 산성 식품일 뿐만 아니라 스트레스, 약, 각종 질병, 심지어 사회적으로 강요되는 격렬한 운동 때문에도 몸에 산성 물질이 쌓여 가고 있다고 한다. 전문가들은 혈액의 산성화가 진행되면 정신적으로 불안정하거나 감정을 제어하기 어려운 공격적 성향이 나타날 수 있으며, 소화 불량이나 위궤양, 위출혈 등을 동반할 수 있다고 한다. 또한 콜레스테롤 수치가 높아지고 혈액이 탁해지거나 잘 응고되기 때문에 혈액 순환이 안 된다. 이로 인해 고혈압 등과 같은 성인병 발병률이 높아지고, 질병이나 바이러스 등 외부 환경에 대한 저항력도 현저히 떨어지게 된다고 한다. 반대로 알칼리성 식품도 다 좋은 것은 아니라고 한다. 지나치게 채식만 하고 육류를 섭취하지 않는다면 단백질과 철분, 칼슘 등이 부족해서 빈혈, 골다공증, 대사 장애 등이 초래될 수도 있기 때문이다. 따라서 산과 알칼리의 균형을 맞추는 식생활은 더 이상 덤이나 옵션이 아닌 필수라고 할 수 있다.

〈표 9〉 산성 식품과 알칼리성 식품

	산성	알칼리성
콩류	강낭콩, 검은콩	대두, 흰 강낭콩, 콩가루, 두부, 완두콩
과일류	오렌지, 바나나, 파인애플, 복숭아, 수박, 사과, 베리류, 감, 포도, 딸기, 말린 과일, 절인 과일	라임, 레몬, 자몽, 코코넛, 버찌
곡류	백미, 흰 빵, 보리, 옥수수, 호밀, 밀가루	메밀가루
야채류	감자, 버섯	새싹, 민들레, 오이, 브로콜리, 파슬리, 시금치, 양배추, 피망, 상추
육류, 가금류 생선	돼지고기, 쇠고기, 닭고기, 달걀, 조개	
오일류	마가린, 버터, 옥수수유, 해바라기씨유, 포도씨유, 카놀라유	올리브유, 코코넛유, 아보카도유, 아마씨유, 달맞이꽃 종자유
조미료	카레, 케첩, 마요네즈, 머스터드, MSG, 맛소금	천일염, 고춧가루, 마늘, 생강, 허브
우유 및 유제품	치즈, 아이스크림, 요구르트	모유
음료	알코올, 증류주, 과일 주스, 맥주, 차, 커피, 와인	알칼리수, 증류수

음식물을 산성과 알칼리성 식품으로 구분하는 것은 맛이 아니라 그 성분에 의해 구분이 된다. 즉 식품을 연소시켜 발생하는 연소 가스 또는 재를 물에 녹였을 때 그 용액이 산성이냐 알칼리성이냐에 따라 구분한다. 따라서 칼륨, 칼슘 등이 많은 야채, 과일류는 대체로 알칼리성이 강하고, 유황, 질소 등이 많은 육류 등은 아황산, 아질산 등이 많아서 강산성을 띠는 것이 일반적이나 그 구분이 힘든 경우도 많다. 따라서 산성과 알칼리성을 정확하게 구분해서 섭취하는 것이 불가능할 수도 있다.

우리 몸의 체액이 산성 체질, 알칼리성 체질로 변화되느냐의 문제와 상관없이 우리의 식단을 보면 산성 식품을 많이 먹는 것을 알 수 있다. 산성 식품이 산성 체질에 큰 영향을 준다고는 확신할 수는 없지만, 우리 몸의 콜레스테롤을 높이거나 자극을 주는 음식인 것만큼은 사실이다. 따라서 건강을 위해 지나치게 산성 위주의 식사에서 벗어나 균형 잡힌 식사를 하는 것이 건강을 지키는 가장 중요한 길이라고 할 수 있다.

가공식품

조물주는 모든 생명체들에게 외부 공격으로부터의 자기 방어 수단을 만들어 놓았다. 동물들은 자신의 보호색이나 공격 무기를 지니고 있으며, 그러한 것들을 갖추지 못하였을 경우 최소한 빠른 발을 이용해 위험 장소에서 숨어 버릴 수 있도록 하였다.

그러나 식물의 경우는 어떠한가? 특히 식물 종자의 경우는 자신의 종(種)을 번식시켜야 하는 중요한 사명이 있는데도 불구하고 인간을 포함한 다양한 동물들의 식량이 되므로 나름대로의 자신을 지키기 위한 방어벽을 구축하고 있다. 이러한 대부분의 식물 종자들은 특별한 성분들을 미량 함유하고 있어 동물들이 섭취 시 영양균형에 안 좋은 영향을 주는 경우가 있다. 예를 들어 생콩을 먹게 되면 속이 더부룩하고 설사를 하게 되는 것이나 은행을 한꺼번에 너무 많이 먹지 말아야 하는 것도 그 이유이다. 또한 식물의 잎이나 줄기에 있는 엽록소도 과잉 섭취 시에는 (일반적인 식사에서 먹는 양은 상관없다) 간에 무리가 되며, 일부 채소의 뿌리 부분도 신장에 안 좋은 영향을 주는 성분이 있다.

음식을 천연의 상태로 먹는다는 것은 자연 친화적이라는 의미는 있지만, 이처럼 위생적으로나 영양학적으로 문제점을 안고 있다. 많은 식품 중 자연 그대로 먹어도 별 문제가 없는 것들이 있는 반면, 그렇지 못한 식품들 중에는 미생물에 의한 식중독의 위험뿐 아니라 천연의 반영양적 성분들의 존재로 인해 심지어는 건강을 해칠 수도 있다. 특히 곡류나 콩류를 가열하지 않고 먹을 때 나타나는 소화 불량이나 영양흡수 저해 요소들은 오히려 건강에 좋지 않은 영향을 준다.

공교롭게도 '병 주고 약 준다'라는 우리네 속담에서처럼 조물주는 아주 쉽게 이러한 위해 요소를 제거하는 방법을 마련하여 놓았는데, 그것이 바로 불이다. 특히 불의 발견은 인류의 평균 수명을 비약적으로 증가시켰다. 우리는 불을 이용하여 체온을 유지할 수 있으며, 사나운 맹수나 독충을 좇아버리고 가열 조리한 음식을 먹음으로 건강을 유지함은 물론 훈연이나 열에 의한 건조를 이용하여 식품을 저장하게 되었다. 이와 같은 가열, 훈연, 건조방법은 지금까지도 식품 가공의 기본 원리가 되고 있다. 가열은 이러한 위해 요소를 제거하는 효과만 있는 것이 아니라 살균으로 인한 저장성 확보 및 맛을 좋게 하는 가장 기본적인 식품 가공 방법이다. 그러나 불을 발견한 이후로 인류는 가열, 또는 건조하거나 소금에 절이는 것 그리고 자연 발효된 음식을 섭취하는 것 이외에 특별한 조리법은 발달되지 못하였다.

그러다가 1795년 나폴레옹 전쟁 당시 니콜라스 아페르란 사람이 병조림을 통한 살균 방법으로 장기간 식품을 저장하는 방법을 개발하였다. 그리고 이를 이용하여 1810년 영국에서 지금의 캔 통조림을 개발한 것이 근대 식품 가공의 효시라 할 수 있다.

그 후 지금까지 200여 년간 식품 산업은 그야말로 획기적인 발전을 거듭하여 이제는 생물 공학뿐 아니라 우주 과학 기술까지 식품 산업에 도입되어 최첨단 기술로 만든 식품을 시장에서 쉽게 만날 수 있다. 의약 산업과 생물 공학에서 세포 건조에 쓰이는 동결건조 방법을 도입하여 커피를 제조하고, 분자량을 분리해내는 기술을 이용하여 식재료 속에서 미량의 유용 성분을 얻기도 하며, 초고압을 이용하여 동식물 먹거리에서 필요한 부분만을 추출해내는 기술, 순수화학 기술을 이용하여 식품 원료를 정제하는 기술 등은 인류의 식생활을 윤택하게 바꾸어 놓았다. 뿐만 아니라 이러한 원리를 잘 이용하여 각 식품마다 적절한 방법으로 가공하여 지금의 수많은 종류의 식품이 개발된 것이다.

최근 식생활의 변화와 가공 기술의 발전에 따라 가공식품의 소비가 급격히 증가하고 있다. 가공식품은 식품의 원료인 농산물·축산물·수산물의 특성을 살려 보다 맛있고 먹기 편하게 변형시키는 동시에 저장성을 좋게 한 식품을 말한다. 한국인의 전체 식품소비량 중 가공식품이 차지하는 비율은 다른 나라와 비교하면 아직도 낮은 편이다. 그러나 국민 소득의 향상과 함께 여가 선용을 위한 레저 붐과 시간을 절약하면서 간편한 조리를 원하는 주부의 의식 변화로 인해 가공식품의 소비는 갈수록 증가하고 있는 추세이다. 조리 방법에 따른 가공식품의 종류를 보면 다음과 같다.

〈표 10〉 조리 방법에 따른 가공식품의 종류

구분	종류
통조림 · 병조림	과일류, 채소류, 육류, 어패류 등
건조가공식품	오징어, 박고지, 호박고지, 무말랭이, 북어, 김, 미역, 다시마, 고사리, 도라지 등
절임 가공식품	김치류, 장아찌류, 젓갈류
설탕절임 가공식품	잼, 마멀레이드 등
훈연가공식품	햄, 소시지, 생선 조개 훈연제품
냉동가공식품	조리 또는 반조리 식품을 냉동한 것
발효식품	청주, 맥주, 약주, 위스키, 과실주, 간장, 된장, 고추장 등
레토르트 가공식품	카레, 스파게티소스, 해시드 소스 등
냉동건조식품	커피 등

출처 : 네이버 백과사전

식품을 가공한다는 것은 좀 더 우리 입맛에 맞게 만든다는 의미이다. 음식을 먹는다는 것은 건강을 위하는 것도 있지만, 먹는 즐거움도 크다. 어떤 면에서는 음식을 먹은 후 포만감에서 오는 만족감이나 맛있는 음식을 먹는 순간의 쾌락 등 인간의 기본적 욕구 충족이 건강을 위한 것보다 앞설 수 있다는 생각이 들기도 한다. 따라서 음식을 먹는다는 것은 건강적인 면과 먹는 즐거움 모두를 충족시킬 수 있는 필요충분 조건이어야 한다.

만약 건강에는 좋지만 먹는 즐거움이 없는 경우는 이미 음식이 아니라 약이라고 할 수 있다. 이와 같이 식품 가공은 음식물의 가치를 부여하는 중요한 행위임에도 불구하고 막연히 가공식품에 대한 부정적 인식을 갖는 것은 옳지 못한 생각이다. 물론 가공 중에 위해 요소들의 발생 위험성이 있을 수 있지만, 다양한 과학적 검증을 통해 그러한 위해 요소가 제거된 안전한 가공 방법이 사용되고 있다. 이러한 식품 가공의 발달은 인간의 건강한 생활과 생명 연장 등 삶의 질 향상과 궤를 같이 하게 되었다.

따라서 최근 식품을 가공하는 것 자체를 부정하며 자연 그대로의 것을 섭취하는 것만이 건강에 좋은 것이라고 맹신하는 것을 보면, 건강을 지키기 위한 방법에도 과유불급(過猶不及), 즉 "정도를 지나침은 미치지 못함과 같다"는 말을 떠올리게 된다. 최근에 뉴스위크지 표지 이슈로 "뭘 먹으라는 거야?"라는 제목이 등장하였고, 부제목으로는 "뒤죽박죽 건강식 정보에 소비자들만 헷갈린다" 라는 부제가 붙었다. "무엇을 어떻게 먹느냐?"라는 명제는 매우 중요할 뿐 아니라 앞으로도 지속적으로 생각해야 할 것임에는 틀림이 없지만, 철저한 검증 없이 우선 터뜨리고 보자는 식의 정보에 소비자들이 현혹되어서는 오히려 가공식품이 주는 건강과 가공식품이 주는 편안함을 저버릴 수 있다는 데 주의를 기울여야 한다.

건강 문제 때문에 가공식품이 특별히 신경이 쓰인다면, 다음과 같이 안전하게 먹는 방법을 알아두는 것이 좋다.

- 유효 기간을 확인해야 한다. 유효 기간이 지난 것은 방부제가 들어 있어 상하지 않는 경우도 있지만 형질이 변경되기 쉽다.
- 포장지에 구멍이 없어야 한다. 외형상 제품이 부풀어 오른 것이나 포장지에 바늘구멍(pin hole현상)이 발생한 것은 구매해서는 안 된다. 제품이 부풀어 오르거나 바늘구멍이 있는 것은 내용물이 누설되거나 부패·변질된 것일 수 있기 때문이다. 바늘구멍 확인은 보통 물통 속에 넣어 눌러보면 공기 방울이나 내용물의 분출 유무를 보고 쉽게 확인할 수 있다.
- 성분 표시를 확인한다. 가공식품을 구매할 때는 포장지에 표기된 성분 표시를 확인하여 식품에 들어있는 가공 설탕, 소금, 첨가물의 양이나 종류를 확인하여 이들의 양이 많이 들어 있거나 확인되지 않은 첨가물이 들어 있는 가공식품은 구매하지 않는 것이 좋다.
- 안전한 포장 용기를 선택한다. 포장 용기가 해롭지 않거나 버리고 조리할 수 있는 것을 선택해야 한다. 포장 용기의 화학물질들 중 일부는 잔류하고, 식품과 접촉하게 되면 인체에 영향을 미치기 때문이다. 실제로 플라스틱 용기에 열을 가할 경우, 인체에 유해한 성분이 녹아나오게 된다. 따라서 포장

용기에서 내용물을 꺼내 안전한 도기나 자기 제품을 이용해 조리하는 것이 좋다.

노화방지를 위한 식생활

자연적으로 시간이 지남에 따라 생기는 노화는 신체의 기능을 저하시키며, 식습관은 생물학적 기능의 저하를 가져온다. 노인이 되면 치아 문제, 활동 부족, 유당소화 불능, 감각 기능의 상실(냄새, 맛), 배설 문제, 만성 질병, 소화 기능 저하, 신체 쇠약 등으로 젊었을 때처럼 마음대로 먹지 못하게 된다. 따라서 노인이 되면 건강을 유지하기 위해 특별히 식생활 습관에 유의해야 한다. 노인들에게 있어 식생활이 중요한 이유는 성인병과 노화를 예방할 수 있기 때문이다.

일반적으로 노인이 되면 근육질의 감소로 열량의 요구량이 감소하며, 씹는 기능이 약해지고, 후각과 미각 기능이 감소하여 점점 맛을 느끼지 못하게 되므로 먹는 양도 줄어든다. 노인의 건강을 위한 식생활 관리 방법은 다음과 같다.

· 조리를 할 때는 골고루 영양을 섭취할 수 있도록 식단을 짠다.
· 노인의 식습관을 파악하여 잘못된 습관을 고치고 몸에 좋은 음식을 만든다.

- 식사는 영양상 균형이 있어야 하고, 섭취하기 좋은 형태로 제공한다.
- 식사는 하루에 3끼를 일정하게 하며 규칙적으로 한다.
- 식사를 준비할 때 가능하면 장보기, 조리하기, 설거지 등에 노인을 참여시킨다.
- 미각 세포가 죽기 때문에 너무 짜거나 맵지 않도록 고려한다.
- 나이가 많을수록 단맛을 좋아하게 되므로, 당뇨에 주의해야 한다.
- 전체적인 식사량은 과식을 피한다.
- 치아의 건강에 따라 씹는 데 무리가 되지 않도록 요리한다.
- 면역 기능의 감소로 감염이나 암이 잘 발생하기 때문에 잘못된 음식을 먹지 않도록 주의해야 한다.
- 골다공증 예방을 위해 칼슘 식품을 많이 먹어야 한다.
- 단백질은 양질을 선택하여 알맞게 섭취한다.
- 동물성 지방은 피하고, 식물성 지방을 우선으로 섭취한다.
- 지나친 염분 섭취를 제한한다.

▸고혈압 예방을 위한 식생활

- 소금은 하루 10g 이하를 먹도록 싱거운 맛에 익숙해져야 한다.
- 정상 체중을 유지하기 위해 하루의 섭취 칼로리에 맞추어 운동을 한다.
- 신선한 야채를 섭취하고 변통을 잘해야 한다.
- 조미료는 삼가고, 식품 자체의 맛을 살린다.
- 콩류나 콩으로 만든 된장국, 청국장의 건더기를 많이 먹는다.

▶동맥 경화증 예방을 위한 식생활

· 콜레스테롤의 섭취량이 하루 300mg를 넘지 않도록 한다. 하루 계란을 2개 이하로 먹고, 육류나 유제품은 되도록 적게 먹는 반면 저지방 우유, 식물성 기름을 먹는다.

· 총 에너지 섭취량 중 지방이 차지하는 열량이 30% 이하가 되도록 하며, 탄수화물의 섭취는 50% 정도로 하고, 단백질은 15% 정도 되도록 한다.

· 포화 지방산의 섭취는 줄이고, 불포화 지방산 대 포화 지방산의 비율을 1:1로 유지한다.

· 정제된 당은 피하고, 과일이나 야채에 들어 있는 당을 먹도록 한다.

· 비타민 B6, 나이아신, 비타민 C, 비타민 E 등을 충분히 섭취한다.

· 식물성 섬유가 많은 해조류, 버섯 등의 저칼로리 식품을 많이 섭취한다.

· 불포화 지방산이 많이 들어있는 등 푸른 생선의 단백질을 섭취한다.

· 버섯은 저칼로리로 콜레스테롤을 낮추는 작용을 하므로 많이 먹어도 된다.

▶당뇨병 예방을 위한 식생활

· 적정 체중을 유지하며 에너지를 섭취한다.

· 균형 있는 영양소를 섭취한다.

· 녹황색 야채를 충분히 섭취한다.

· 과자류와 알코올을 제한한다.

· 외식 시 동물성 기름이나 설탕이 많이 든 음식은 피한다.

· 비빔밥과 같이 여러 가지 야채가 골고루 포함된 음식을 섭취한다.

▸골다공증 예방을 위한 식생활

• 칼슘을 충분히 함유하는 식사를 한다.

• 단백질과 비타민 D 섭취로 칼슘의 흡수력을 향상시키는 식사를 한다.

ANTI-AGING

몸에 좋지 않은 음식을 한두 번 먹는 것은 괜찮지만, 지속적으로 먹게 된다면 분명히 문제가 생기고 만다. 마치 가랑비에 옷 젖듯이 여지없이 건강을 잃게 되는 것이다. 결국 에는 때 늦은 후회와 함께 새로운 다짐을 하게 되지만, 이미 한 번 잃은 건강은 다시 찾 기가 여간해서 쉽지 않다.

참고 문헌 ————————————————

가와시마 세이이치로(2002), 『수명의 비밀을 벗기는 5가지 열쇠』, 중앙일보MI

가와이 가오리(2005), 『섹스 자원봉사』, 아롬미디어

건양대학교 고령친화 RIS 사업 복지팀(2008), 『지역사회 고령친화 복지사업』(학생용 지침서),
건양대학교

고토 마코토(2000), 『120세 불로학』, 동방미디어

김승현(2006), 『노년기 건강가이드』, 일조각

김영곤(2000), 『인간은 어떻게 늙어갈까』, 아카데미서적

김욱(1997), 『100문 100답 노 하방지』, 풀잎문화

김진한(2002), 『성공적인 노화를 위한 안드라고지의 가능성』, 한국성인교육학회

대한노인정신의학회(2004), 『노인 정신의학』, 중앙문화사

대한상공회의소(2010), 『국내 실버산업 전망』, 대한상공회의소

박상철(2007), 『우리 몸의 노화』, 서울대학교출판부

박재학·김정훈(2010), 『노인상담론』, 파워북

백지은(2006), 『한국노인들의 성공적 노화에 대한 인식—비교 문화적 접근』, 이화여대 대학원

박태룡(2002), 『노인복지론』, 대구대 출판부

레이 커즈와일·테리 그로스만(2004), 『노화와 질병』, 이미지박스

안수남(2005), 『노인의 성문제에 관한 연구』, 동국대 행정대학원 석사논문

안향림(2003), 『케어복지론』, 나눔의 집

윤현숙·유희정(2006), 『가족관계가 성공적 노화에 미치는 영향』, 한국가족복지학

이영철(2003), 『지역사회복지실천론』, 양서원

송미순⬚하양숙(1995), 『노인간호학』, 서울대학교 출판부

송진영(2011), 『노인복지론』, 나눔의 집

스티븐 어스태드(1997), 『인간은 왜 늙는가?』. 궁리

전도근(2011), 『은퇴쇼크』, 북포스

전도근(2009), 『고추의 매운 힘』, 북오션

전도근(2008), 『우리 집 밥상에서 더할 음식 & 뺄 음식 : 당신의 밥상은 안전한가?』, 북포스

조유향(2006), 『노인질환관리』, 현문사

조유향(1995), 『노인보건』, 현문사

조한종, 『조한종의 시니어 문화체험』, 시니어 타임즈

최성재, 장인협(2002 개정판), 『노인복지학』, 서울대학교 출판부

토마스 펄스 외(1999), 『하버드 의대가 밝혀낸 100세 장수법』, 사이언스북스

한국노년학회(2000), 『노년학의 이해』, 대영

한림대학교 고령사회연구소(2010), 『한국 노인의 삶 : 한림고령자패널 2005』, 소화

[네이버 지식백과] 이지에프 [Easyef] (두산백과)

미용성형 [cosmetic surgery, 美容成形] (두산백과)

보건복지부, http://www.mohw.go.kr/user.tdf

서울대학교병원 의학정보, 서울대학교병원

통계청. http://www.nso.go.kr/

조한종의 시니어 카페

노년시대 신문 2010.09.15

경제신문; 연합뉴스 2001.5.23

조선일보; 2002. 3. 30, 2011. 1. 5, 2011. 2. 6, 2011. 1. 4, 2011. 1. 17, 2011. 1. 10, 2011. 1. 13,

안티에이징의 비밀

초판 발행| 2019년 3월 15일

지 은 이| 박언휘

펴 낸 이| 이창호
편   집| 김혜진
디 자 인| 이보다나
인 쇄 소| 거호 커뮤니케이션

펴 낸 곳| 도서출판 북그루
등록번호| 제2018-000217
주   소| 서울특별시 마포구 토정로 253 2층(용강동)
도서문의| 02) 353-9156 팩스 02) 353-9157

ISBN 979-11-964494-3-8 (03190)

(CIP제어번호 : 2019005983)
이 도서의 국립중앙도서관 출판예정도서목록(CIP)은 서지정보유통지원시스템 홈페이지(http://seoji.
nl.go.kr)와 국가자료공동목록시스템(http://www. nl.go.kr/kolisnet)에서 이용하실 수 있습니다.